너에게 우주를 지어줄게

김은경·남지연

이미지

목차

프롤로그

1부. 우리는 모두 한때 반짝이는 별이었다

[김은경 이야기]

나는 나다	14
같은 환경이어도 다르게 기억된다	15
사랑받았던 기억의 유통기한은 무한대다	18
주인공은 스스로를 부끄러워하지 않는다	22
내가 터득한 성공의 비밀	24
책은 구원이다	25
빈 공간을 산책하는 기분	27
공간이 비워져야 내가 채워진다	29
우리는 평생 남의 집이나 지어주는 사람들이야	32
다시 찾은 그 집	33
이 맛에 내가 건축하지	36
때론 수지타산이 맞지 않아도 일을 해야 할 때가 있다	38

돈벌이만으로 할 수 없는 일이 있다	40
여자가 하기 좋은 일이란 어떤 일일까	42
무엇을 위한 건축을 할 것인가	43
건물과 건축물의 차이	44

[남지연 이야기]

어릴 적 집을 추억하다	48
건축이라는 우연	50
땅의 기운을 느끼다	52
내가 생각하는 건축가라는 직업은	53
나는 하나의 우주를 짓고 있어	55
돈이 많은데 왜 그렇게 살까	58
나에게는 200번의 경험치가 있다	61
부자가 건축에 돈을 쓰는 방식	63
어떤 사람과 일을 할 것인가	66
너에게서 열정을 봤어	67
나다운 집을 가져본 적 있는가	69
공간이 사람을 바꾼다	70
집은 고정불변의 존재가 아니다	74

2부. 별과 별이 만나 우주가 된다

[김은경 이야기]

건축하는 사람들은 똑똑하다	78
사람들은 자기를 좋아하는 사람을 좋아한다	80
지나친 몰입보다는 거리 두기	81
지옥에서 살아남는 방법은 나를 사랑하는 것	82
엄마는 나도 몰랐던 나를 알아봤다	85
너나 나나 하양은 아니다	87
성공한 건축가란 무엇일까	89
딸에게 옷을 물려준다는 것	91
더 이상 옷을 사지 않기로 했다	93
내 남편 석희	98
나는 가끔 걱정스러울 만큼 행복하다	99
내 운명을 결정하는 건 나여야만 한다	100
나를 바꾸는 게 낫다	101
큰돈 주고 크게 배웠다고 생각해	102

[남지연 이야기]

어쩌면 진짜 운이 좋은 건지도 몰라	105

사람이 아닌 사람	108
때론 살아남았다는 것만으로도 칭송받아 마땅하다	109
'나' 중심으로 돌아가기	111
착한데 일 못하는 사람 vs 똑똑한데 인성이 나쁜 사람	113
손을 보면 그 사람이 어떻게 살아왔는지 보인다	115
어떤 고통도 일방적인 것은 없다	116
나에게 일이란	120
모든 일에는 양면이 있다	121
친구가 적어도 괜찮은 이유	124
우리는 과거를 바꿀 수 있는 힘을 가지고 있다	125
시간 부자가 되었다	127
자식을 잘 키운다는 건	129
모든 인연이 소중한 것이 아니다	130

3부. 집이라는 이름의 우주를 짓다

[김은경 이야기]

담배는 피우지만 중독은 아니다	138
불광천을 걸으며	140

사랑하는 일을 계속하다 보면	142
오십 대가 되면 여유로울 줄 알았지만	144
때로 흰머리는 힘이 된다	145
돈이란 무엇일까	148
가능하면 멀리 보려고 애쓴다	149
지난날은 이미 있는 그대로 아름답다	151
돈의 마법	153
마음과 욕심을 고운체로 걸러서	155
사람과 사람 사이의 거리	157
자기 자신을 사랑하는 것도 재능	159
아무것도 아니어도 괜찮아	161
오십 대를 계절에 비유하면 아직 여름	163
겨울 나무에게 배운다	164
고마우면 꼭 고맙다고 말로 하자	166
좋은 것을 담아둘 수만은 없다	167
오십이 넘은 나이에 새로운 꿈이 생겼다	170

[남지연 이야기]

나는 여기 있고 살아남았다	172
목표를 이루는 아주 쉬운 방법	174

남에게 맞출 생각만 하지 말고	178
돈에 대한 마음가짐은 정직해야 한다	179
돈보다 시간이 더 중요한 시기가 있다	182
누구에게나 성장 포인트가 있다	185
오십 대가 되고 난 후 사춘기가 시작됐다	186
나의 하루	188
만약 시간을 되돌릴 수 있다면	189
우리는 자존하며 살고 있는가	190
시간의 가치를 존중한다	192
내가 무시하는 사람은	193
강제로 어른이 되어가는 중	194
술을 끊자 내게 일어난 일들	195
제정신으로 살기 힘들기 때문에	197
밑바닥까지 떨어져본 적이 있는가	200

에필로그

프롤로그

오십 대 일하는 여성의 매력,
달라도 너무 다른 두 언니들의 인생 에세이

　가끔 궁금했다. 사십 대 일하는 여성으로서 나의 십 년 후 미래는 어떻게 펼쳐질까. 여자 나이 오십 대. 갱년기가 찾아올 거고, 중년에서 노년을 바라보며 나이 듦을 받아들여야 할 테다. 그래, 솔직히 고백하면 어떤 기대감도 생기지 않는다. 그저 막막하고 두렵기만 하다.
　사실, 오십 대 한국 여성에 대한 스테레오타입이 있다. 여자로서의 매력을 잃어버리는 나이, 목소리가 커지고 부끄러움이 없어지는 나이, 평일 오전의 브런치 모임, 갱년기, 우울증, 경력 단절, 빈둥지증후군 등등. 쉽게 말해 엄마 아니면 아줌마 이미

지가 전부다.

 하지만 그럴 리가 있나. 우리가 몰라서 그렇지, 세상에 멋진 언니들이 얼마나 많은데. 그런 의미에서 우연한 기회에 만난 김은경, 남지연 저자의 이야기는 시원한 사이다, 동시에 따뜻한 위로처럼 다가왔다. 삼십 년 가까이 쉬지 않고 일해온 커리어우먼의 경제력과 자신감, 크고 작은 부침을 겪으며 만들어온 연륜과 경험. 그것만으로도 대단한데 아내와 엄마로서의 몫도 게을리하지 않았다. 거기다 위에서 언급한 스테레오타입을 모두 부숴버리는 개성 강한 캐릭터까지! 그들의 이야기를 들은 첫 소감은 이거였다.

 '이렇게 열심히 잘 살아온 사람들이 책을 써야지.'

 창작하는 여성들의 이야기를 전문으로 출판하는 필자는 이들의 이야기를 세상 밖으로 꺼내놓고 싶었다. 그동안 우리는 철학과 인문학에 건축을 버무린 남성 건축가나 교수들의 책을 숱하게 읽어왔다. 마찬가지로 생존하기 위해 분투한 여성 건축가들의 진짜 이야기가 읽혀야 할 이유도 충분하다. 쉽게 말해, 현업에서 뛰고 있는 오십 대 일하는 여성의 목소리가 듣고 싶었다. 이들이 얼마나 자신의 일을 사랑하는지, 어떤 시행착오를 겪고, 어떤 어려움을 극복하며 살아왔는지, 그리고 여자 나이 오십 대가 얼마나 멋진 나이인지.

 이 책은 어른이나 선배로서 3040 여성들에게 어떻게 살라는 조언을 건네는 지침서가 아니다. 저자들은 스스로를 어른이 아닌 '어른ING'이라 불러달라고 이야기한다. 어른이 되어가는 중이라는 뜻이다. 그 말인즉슨, 더 나은 사람이 되기 위해 끊임없이 애쓰고 있다는 뜻이기도 하다. 오십 대가 됐다고 해서 갑자기 어른이 되거나 현명해지는 건 아닐 테니까. 그리고 이야기한다. 자기 삶을 최선을 다해 온전히 살아낸 것만으로도 얼마나 빛날 수 있는지, 계속해서 변화하고 성장해나가는 인간에게 오십 대가 얼마나 선물 같은 나이인지. 다양한 주제에 대한 단상을 펼쳐내는 형식으로 쓰인 이 짧은 에세이들을 산책하듯 읽다 보면 나이 듦이 더 이상 두렵지 않다. 오히려 더 큰 기대감으로 반짝거리게 될 것이다.

 이 책이 오십 대 이후의 삶에 대해 막연한 두려움을 가지고 있는 이들에게 작은 선물이 되기를 바란다.

아미가 출판사
발행인 홍아미

| 1부 |

우리는 모두 한때 반짝이는 별이었다

하나의 완벽한 우주다.
'우주(宇宙)'는 한자로 집 우(宇), 집 주(宙) 자를 쓴다.
집을 만드는 일은 우주를 만드는 일인 것이다.
즉, 나는 우주를 만드는 사람이다.

small **talk**

"언니, 우리 같이 책 써볼래?" 당신이 처음 내게 책 쓰기를 제안했던 때가 생각나. 어쩌면 이 책은 그 말 한마디에서부터 시작된 것일지도 모르지.

아니지. 언니니까 같이 쓸 수 있을 거라고 생각한 거야. 사실 난 내 이름으로 책을 내는 것에 욕심이 있는 건 아니었어. 몇 년 전에는 실제로 건축 관련 출간 작업이 꽤 많이 진행되기도 했었는데, 인쇄 직전에 내가 엎은 적도 있었잖아.

이십 년 넘게 해온 건축 일에 대한 기록이니 의미 있는 작업이었을 텐데, 아깝지 않았어?

회의감이 많이 들더라고. 일이 많이 바쁘기도 했고 나의 커리어에 대해서 전시하듯이 세상에 내보이는 일이 무슨 의미가 있나 싶고. 그땐 자격보다는 자신이 없었던 것 같아. 근데 오십 대가 되고 보니 좀 생각이 달라지더라고. 자랑이면 뭐 어때. 우리 그동안 열심히 살아온 거 맞잖아.

당연하지. 나는 우리가 완전히 다른 캐릭터이기 때문에 함께 책을 쓰는 이 과정이 더 의미 있을 거라 생각했어. 남건을 보면 '공작'이 떠올라. 웨이브 진 긴 머리와 화려한 이목구비, 미니스커트와 롱부츠를 즐기는 개성 있는 패션, 높은 톤의 목소리와 좌중을 주도하는 언변까지……. 모두에게 주목을 받고, 그렇게 주목받는 것이 더없이 자연스러운, 소위 말하는 '인싸' 잖아. 그에 반해 나는 365일 노메이크업, 짧은 머리, 속삭이는 듯 작은 목소리, 줄곧 바지에 운동화만 신고 다니는 털털한. 굳이 비유한다면 '개미' 사람이지. 공작과 개미. 너무 안 어울리면서도 재미있는 조합이지.

오히려 나는 우리가 공통점이 많다고 생각했어. 우리 업계에 흔치 않은 여성 건축사라는 점도 그렇고, 오십 대라는 나이대나 워킹맘으로서 나름대로 열심히 살아온 공통점도 있지. 무엇보다…… 둘 다 아주 멋진 사람이라는 것? 그래서 우리가 비교적 짧은 시간 안에 빠르게 친해진 것 같아.

하하. 우리 처음 만났을 때 둘이서 여섯 시간 넘게 수다 떨었던 거 기억나? 대화가 끝이 없지. 자기랑 같이 있으면 내가 정말 괜찮은 사람이 된 것 같은 기분이 들어. 나이가 들수록 긍정적인 영향력을 주고받을 수 있는 인간관계가 줄어들기 마련이거든. 서로가 서로를 성장시킬 수 있는 그런 관계가 더 필요한 시기인데 말이야.

나는 그냥 우리가 기특해. 우리 겸손하지 말자. 그냥 우리의 이야기를 있는 그대로 하면 되지 않을까?

small talk

나는 나다

나에 대해 적어본다.

나는 작다. 키도 작고 손도 작고 발도 작다. 누구랑 비교해도 다 작다. 그러나 작은 것에 대한 콤플렉스는 없다. 내 주변의 사람들이 내 덕분에 커 보이는 혜택을 누리니, 좋은 일을 하고 있는 거라고 생각한다. 유머가 있는 편이다. 함께 있는 사람들을 웃게 만든다. 대체로 긍정적이다. 될 때까지 하면 결국 된다고 생각한다. 실패를 결과로 받아들이지 않고, 과정으로 생각한다. 일단 하기로 결정한 일은 정말 열심히 한다. 재미없던 일도 하다 보면 어느새 즐기며 하고 있다. 타고난 능력은 작으나, 시간의 축적으로 남들과 비슷한 정도의 인정을 받는다. 자전거도 못 타고, 수영도 못 하고, 운동이라곤 젬병이다. 취미라 할 만한 게 하나도 없다. 업으로 삼고 있는 건축 외엔 잘한다고 할 수 있는 것이 없다. 이렇게 적어보니, 잘난 것도 잘하는 것도 딱히 없는데, 어느 곳에 있어도 모자라지 않게 사는 걸 보면 이런 생각이 든다.

'우주의 기운이 나를 돌봐주는 게 아닐까?'

같은 환경이어도 다르게 기억된다

내 기억 속의 첫 집은 부암동 고개에 있었다. 한중원. 집이라고 해야 할지, 가게라고 해야 할지 애매한 1층짜리 건물이 우리 집이었다. 홀이 있고, 거기에 달린 방이 하나 있었는데 우린 주로 방에서 놀았다. 장사가 잘되어 붐빌 땐 방까지 손님이 밀려들어 왔다. 그럼 어쩔 수 없이 나가서 놀아야 했다. '어쩔 수 없다.'라는 표현을 쓰기는 미안한 것이, 당시에는 마냥 좋았기 때문이다. 마음껏 나가 놀아도 된다는 당위성이 생긴 셈이었으니까. 지금은 젊은이들의 핫플레이스가 된 부암동 골목이 어린 시절의 나에겐 놀이 공간이었다. 차가 다니는 길이든, 집채만 한 바위 위든 할 것 없이 누비고 다녔다. 통금이 있던 시절이었기에 밤이 되면 집 앞 도로에서 배드민턴을 치고 놀았다. 마냥 즐거운 시절이었다.

물론 그 기억은 나만의 방식으로 미화한 결과라는 걸 알고 있다. 부모님 입장에서 보면 그곳은 생존을 위한 투쟁 장소였다. 영업장과 거주지가 구분조차 되지 않은 환경에서 아이 셋을 키워야 했다. 게다가 셋방살이인 탓에 밖에 있던 변소 하나를 주인집과 함께 나눠 써야 했는데 당연히 주인 가족에게 변소 우선 사용권이 있었다. 일을 보고 싶을 때 바로 볼 수 있는 자유가 가진 자의 특권이라는 것을 나는 일찌감치 깨달았다.

지금 생각해보면 엄마는 아이 셋을 키우며 장사를 하느라 힘들어서인지, 늘 화가 나 있었다. 그리고 삶의 고단함을 딸인 나에게 풀곤 했다. 내가 나가 놀기 좋아했던 이유는 거기에 있었다. 엄마가 하루 영업을 마치고 방문을 여는 순간마다 나는 눈을 질끈 감으며 혼날 준비를 해야 했기 때문이다. 숙제를 안 하고 있다고, 동생과 싸우고 있다고, 방 안을 지저분하게 해놨다고……. 혼낼 거리는 무궁무진했다. 오직 나만이 타깃이었기에 오빠와 남동생까지 나서서 나를 체크할 정도였으니까. 혼나지 않으려면 엄마 눈에 띄지 않는 수밖에 없었다. 반면에 큰아들에 대한 엄마의 애착은 남달랐다. 지금도 마찬가지지만, 계속되는 잔소리에서 오빠만은 늘 제외되곤 했다.

재미있는 건, 사랑받는 아들이었던 오빠에게 그 시절은 일하는 엄마로부터 온전한 사랑을 받을 수 없었던, 가난한 시절로 각인되어 있다는 점이다. 내게는 언제고 돌아가고 싶은 아름다운 추억으로 미화되어 있는 것과 참 대조적이다. 같은 환경이어도 기억되는 방식은 이토록 다르다.

눈이 오나 비가 오나 거의 매일 산을 싸돌아 다녔다. 그 탓에 동상이 걸려 빠진 왼쪽 엄지발톱은 아직도 자라지 않고 있다. 발톱을 자를 때마다 그 자리에 없는 엄지발톱을 보면 그 시절, 날씨 따위 아랑곳하지 않고 신나게 인왕산을 뛰어다니던 어린 은경이가 생각난다.

사랑받았던 기억의 유통기한은 무한대다

 어릴 적 사진들을 보다가 펑펑 운 적이 있다. 문득 깨달았던 탓이다. 아빠와 함께 찍은 사진 중 내가 바닥에 있는 사진이 단 한 장도 없다는 것을. 아빠 무릎에 앉아있거나 안겨서 찍은 사진들이 대부분이었다. 아빠는 한 번도 나를 바닥에 내려놓은 적이 없었다.

 지금은 돌아가셨지만, 아빠가 준 사랑은 거의 무한대의 영역으로 나의 내면에 녹아있음을 깨닫는다. 어린아이는 참 영악하기 마련이어서 아빠가 나를 지극히 사랑한다는 것을 그때도 알고, 아빠를 함부로 대하곤 했다. 막무가내로 떼를 쓰고 웅석을 부리는 내 앞에서 아빠는 그저 쩔쩔매기 바빴다. 아마 일부러 그러셨을 것이다. 그게 나를 기쁘게 하고 즐겁게 한다는 걸 알았을 테니까.

 중국집 딸이라는 이유로 내 별명은 자동으로 '짱깨'가 되었는데, 놀림을 받을지언정 무시를 당하지는 않았던 이유는, 내 친구라는 이유만으로 우리 집에 오면 짜장면을 공짜로 먹을 수 있었기 때문이다. 그때 짜장면은 쉽게 먹을 수 있는 음식이 아니었다. 졸업식 등 특별한 날에만 먹을 수 있는 대표적인 서민 외식 메뉴였다. 친구들은 짜장면을 얻어먹기 위해 내 가방을 들어주겠다고 자청하는 등 알아서 충성을 다했다.

딸의 친구라고 기꺼이 짜장면을 내주는 아빠의 인심 덕분에 나는 스스로를 귀하게 여길 수 있었다. 비록 여유로운 집은 아니었으나 어린 시절을 가난하게 기억하지 않는 이유에는 아마 이런 아빠의 마음 씀씀이가 있을 것이다.

만약 그런 아빠가 아니었다면 어땠을까. 엄마에게 늘 혼만 나던 작고 못생긴 여자아이, 친구들에게 놀림 받던 짜장면집 둘째 딸……. 그 모든 기억들 위로, 나의 존재 자체를 긍정하고 사랑해주었던 아빠의 존재가 드넓게 펼쳐져 있다. 어떤 기억의 유효기간은 거의 무한대에 가깝다.

나와 사랑하는 가족의 집을 짓는 것은
'앞으로 어떻게 살아갈 것인가'에 대한 선전포고다.

by 은경

주인공은 스스로를 부끄러워하지 않는다

 어린 시절 엄마를 떠올리면, 늘 소리 지르고 욕설을 내뱉던 거친 모습이 대부분이다. 그런 엄마가 늘 하던 말이 있었다. 은경이 대학 갈 때가 되면, 장사를 접겠다. 그냥 하는 말이겠거니 했는데, 정말 그렇게 했다. 놀라운 일이었다. 왜 그토록 사랑하는 오빠나 막냇동생이 아닌 내가 기준이 되었을까. 아마 엄마도 알았던 것 같다. 내가 학교에서 어떤 놀림을 받는지를. 아들은 몰라도 딸에게는 그것이 커다란 수치심으로 다가올 수 있다는 것을. 하지만 엄마는 그건 몰랐던 것 같다. 나는 그런 수치심을 받아들인 지 오래라는 것을. 생각해보면 사춘기 때는 숨기고 싶은 마음도 있었다. 하지만 어느 순간 깨달았다. 아니, 책을 읽으며 천천히 깨달았다. 주인공은 어떤 불우한 환경에 처해도 환경을 탓하거나 스스로를 창피해하거나 불쌍히 여기지 않는다. 들장미소녀 캔디도 그렇고, 빨강머리 앤도 그렇지 않은가. 남들이 볼 때 창피해할 만한 것조차 창피해하지 않는다. 피해의식은 조연들의 몫이다. 스스로를 부끄럽게 생각하지 않는 주인공이 멋있었다. 나는 내가 인생의 주인공이라는 것을 이미 알고 있었다. 그러니 주인공답게 생각하고 행동해야 한다는 건 어찌 보면 당연한 일이었다. 내가 짜장면집 딸이라는 건 사실이고, 자랑할 일은 아니지만 부끄러워할 일도 아니라고 되뇌었다.

어렸을 때 그걸 스스로 깨닫고 나서는 남들이 날 무시하건 말건 신경 쓰지 않는다. 남들의 평가는 나에게 영향을 주지 못한다. 내가 생각하는 내가 더 중요하다. 하지만 솔직히 고백하면 그렇다. 평범한 사람으로서 부끄럽고 창피한 부분이 왜 없겠는가. 한 번은 클라이언트가 사무실에 방문한 적이 있다. 내 사무실은 응암동에 위치한 9평 남짓한 소규모 사무실이다. 클라이언트는 사무실을 스윽 훑어보더니 "사무실이 좀……." 하며 살짝 미간을 찡그렸다. 한마디로 없어 보인다는 투였다.

"네, 알아요. 저희 사무실이 좀 작고 누추하죠."

날 무시하는 사람에게 딱히 응대하지 않는다. 무시하는 것은 그 사람의 몫이다. 당연히 기분은 안 좋지만, 그 사람의 생각은 내가 좌지우지할 수 있는 부분이 아니니까.

그런데 이건 분명하다. 사람을 무시하는 사람처럼 없어 보이는 사람도 없다. 상대방이 나를 무시한다고 부끄러워할 필요 없다. 부끄러움은 그의 몫이다.

내가 터득한 성공의 비밀

 어릴 적 나는 지는 걸 참지 못했다. 그래서 질 것 같은 일이나 게임은 아예 하지도 않았다. 승부욕과는 좀 다른 결이다. 누구를 이기려고 하지는 않았으니까. 그냥 지는 것이 싫었을 뿐이다. 그래서 뭐든 굉장히 열심히 했다. 일등을 해야 직성이 풀렸다. 피곤했다. 그런데 살며 수많은 패배가 나를 도전하게 만들었다. 실패해도, 져도 그러다 바닥을 쳐도 삶은 이어지고 다시 '시작의 계기'가 나에게 주어지더라. 이젠 닥치면 한다. 실패의 시점에 그만두면 실패로 기록되지만, 될 때까지 하면 성공이라 불릴 수 있다는 것을 알아버렸다.

책은 구원이다

얼마 전 지인들과 만나 대화를 나누다가 '김 소장은 참 자존감이 높은 사람 같다.'라는 얘길 듣고, '그런가?' 생각했다. 예전에는 '자존감'이라는 말이 없었기 때문에 내가 스스로 자존감이 높은지, 낮은지 생각해본 적이 없었다. 하지만 분명한 건, 나는 아주 오래전부터 내가 내 삶의 주인공이고, 꽤 괜찮은 사람이라 생각하고 있었다는 것이다. 많은 사랑을 주셨던 아빠 덕이 클 테지만, 같은 환경에서 자란 형제들은 오히려 모자람을 많이 느꼈던 어린 시절이었다. 부정적으로 파고들어 가다 보면 짜장면집 딸로 놀림 받아야 했던 것에 대한 피해의식이 더 컸을지도 모른다. 그런 내가 스스로를 깎아내리지 않고, 괜찮은 사람이라 다독이며 구김 없이 생활할 수 있었던 건 팔 할이 책 덕분이라 할 수 있다.

초등학교 고학년 때 일이다. 그날도 어김없이 엄마의 레이더를 피하지 못하고 잔뜩 야단을 맞은 날이었다. 혼자 훌쩍훌쩍 울던 내 눈에 문득 '동아전과'가 들어왔다. 눈물을 훔치고 책을 꺼내 아무 데나 펴서 읽기 시작했다. 어째서 울다 말고 갑

자기 전과를 읽기 시작했는지, 어떤 내용이었는지는 하나도 기억나지 않는다. 확실히 기억나는 건, 어느새 눈물이 말라버렸다는 것을 깨달은 순간의 환희였다. 문장의 세계에 빠져들수록 현실의 슬픔은 사라지고, 그 자리엔 새로운 세상으로 가는 신비로운 길이 열리는 것 같았다. 그것은 마치, 생의 비밀을 알아버린 것 같은 기쁨이었다. 아무리 괴로운 일이 있어도 책만 있으면, 괜찮다는 걸 알게 되었다. 사는 게 그리 괴롭지도, 무섭지도 않아졌다. 책을 열면 어떤 목소리가 말을 한다. 그때부터 책을, 아니 뭐가 됐든 읽는 걸 좋아하게 되었다. 눈앞의 세상이 너무나 실망스러워 애가 탔을 때도 책으로 위로받고 마음을 다잡곤 했다.

책은 흐린 밤하늘에 출몰하는 별빛이다. 내게 가장 편안한 공간은 책을 볼 때 생겨나는 이상한 나라의 구멍이다. 어디서든 책만 펴면 나타나기에 그곳이 어디에도 좋다. 데카르트는 세상을 큰 책이라고 했다. 아직 난 거기까진 모르겠으나, 아끼는 연필을 깎듯 공들여 읽고 나만의 큰 책, 큰 세상을 만들어가고 싶다.

빈 공간을 산책하는 기분

프로젝트를 시작할 때 나는 조금 번거롭더라도 현장 답사를 다니는 편이다. 요즘 건축하는 친구들은 인터넷 로드뷰와 스카이뷰를 통해 현황 파악을 하던데, 난 옛날 사람이라 꼭 현장에 간다. 아직 공사가 시작되지 않아 황량한 터만 남아있는 현장에 가서 길 잃은 사람처럼 이리저리 걸어 다닌다. 천천히 둘러보기도 하고, 거기 서서 하늘도 보고 동서남북의 뷰도 본다. 그렇게 나 홀로 땅 산책을 하다 보면 마치 땅이 뭔가 얘기라도 해줄 것 같다.

그렇다. 프로젝트를 시작할 때 반드시 거치는 이 일을 나는 '땅 산책'이라 이름 붙였다. 땅 산책을 할 때는 혼자인 편이 좋다. 현장의 상황에 대해 잘 알고 있는 담당자나 직원이 따라다니며 설명을 해주고 자기만 아는 팁을 전달해준다면 도움이야 되겠지만, 나는 그런 도움을 바라지 않는다. 그 누구의 의견이나 견해에 좌우되지 않고 땅과 나, 두 대상이 처음 만나 오롯이 서로를 받아들이기를 원한다. 그럴 때만이 땅으로부터 순수한 정보를 얻을 수 있고 상상의 나래를 펼쳐낼 수 있다고 믿는다.

  아무도 없는, 텅 빈 땅 위에 홀로 선다. 땅은 울퉁불퉁하고, 컨테이너 박스 여러 개가 널브러져 있어 황량하기 그지없다. 하지만 내 시선에선 나의 설계가 빈 땅 위에 홀로그램처럼 씌워진다. 기둥이 솟아오르고, 비계가 세워졌다 사라지고, 복도의 방향과 창문의 크기에 따라 햇빛이 포물선을 그리며 공간을 물들인다. 모든 프로젝트가 끝나고 다시 현장에 갔을 때, 내 머릿속에만 있던 상상이 현실화되어 만나는 순간의 쾌감! 나는 그 순간을 제일 사랑한다.

공간이 비워져야 내가 채워진다

 아직 아무도 입주하지 않은 빈집에 들어가 본 적이 있는가. 아무것도 없는 텅 빈 여백의 공간임에도 희한하게 그 공간이 좁아 보인다. 하지만 그 공간에 어울리는 적절한 가구와 소품이 배치되면 오히려 공간이 넓게 느껴진다. 가구가 내가 인지할 수 있는 스케일이 되기 때문이다. 아무리 큰 물고기라도 그 물고기만 사진으로 찍었을 때보다 옆에 성냥갑이라도 놓고 찍었을 때가 더 커 보이는 것과 같은 이치다.

그러나 나는 비움의 미학을 잘 구현한 공간을 좋아한다. 공간이 비워져야 비로소 사람이 채워진다. 비워진다는 것의 진짜 의미는 Empty가 아니라 Space에 더 가깝다. 우리나라 건축물 중에 비움의 미학을 가장 잘 나타내는 건축물은 역시 '사찰'이라고 생각한다.

 영주 부석사를 좋아해서 여러 번 다른 사람과 방문했다. 봄, 여름, 가을, 겨울 모두 아름다운 곳이다. 빈 곳이 많은데, 그 비워진 것이 모든 것을 채워준다. 어쩌면 우리는 지나치게 채우기 위해 살아가고 있지 않은가 하는 생각이 들었다. 어쩌면 나를 비워주면 내가 더 충만해질 수 있지 않을까? 돈이든, 일이든, 사랑이든, 욕심이든.

우리는 평생
남의 집이나 지어주는 사람들이야

내가 이 일을 하면서 가장 행복한 순간이 있다. '내가 설계한 이 집에 사는 사람들이 어떤 생활을 할까?' 상상해보는 것이다. 거실 안쪽엔 앤티크 가구가 어울릴 거야. 홈바에선 엄마와 아이가 함께 과일을 먹겠지. 현관에서 거실로 이어지는 복도를 오가며 아이들은 장난을 칠 거야.

그렇게 실제로 의뢰인들이 이 공간에서 어떤 생활을 해나갈지 구체적으로 상상하는 것만으로도 나는 이 일의 가치와 기쁨을 느끼곤 한다. 이 얼마나 매력적인 일인가.

"우리는 평생 남의 집만 지어주는 사람들이야." 건축가들끼리 우스갯소리로 하는 말이지만 나에게는 무게감 있게 다가온다. 남의 집을 지어주는 일은 결국 남의 인생까지 건드리는 일이니까. 모든 집이 그 사람의 인생을 바꾸는 건 아니지만, 적어도 직접 지은 집은 그 사람의 삶을 바꾼다. 자신과 사랑하는 가족의 집을 짓는 것은 '내가 앞으로 어떻게 살아갈 것인지'에 대한 선전포고 내지는 예언과도 같은 의미니까. 즉 그 사람은 자신의 우주를 스스로 창조한 셈이나 마찬가지다.

다시 찾은 그 집

2022년 겨울. 모르는 번호로 한 통의 전화가 걸려왔다.

"나 누군지 알겠어요?"

목소리를 듣는 순간, 바로 알 수 있었다. 마치 타임슬립을 한 것처럼 팔 년 전의 그 치욕스러웠던 현장으로 되돌아간 것 같았다.

"그동안 은경 씨 생각 많이 했어요. 우리도 힘들었지만, 은경 씨도 그랬을 거라 생각했어요. 커피 한잔 하러 와요."

그렇게 다시 그 집에 가게 됐다. 2014년 내가 설계했던 모 반도체 회장님의 단독주택이었다. 워낙 고급스럽고 아름다워서 드라마나 영화 속 배경화면으로 종종 등장해왔던 터라, 무려 팔 년 만에 다시 발을 들이면서도 낯설지만은 않았다. 아니, 여전히 멋진 집이었다. 그리고 나에게 전화를 건 사모님이 화사한 미소를 지으며 커피와 케이크를 내왔다.

내가 사모님과 만난 건 한창 공사 중일 때였다. 이미 2층 슬라브까지 공사가 돼있는 상태였다. 건축주는 원 설계자의 디자인이 맘에 안 든다고 나를 찾아왔다. 그들의 푸념에 가까운 이야기를 한참을 듣고 와서, 나름의 해석으로 러프하게 스티로폼 매스스터디를 만들었다. 건축주는 '이거다.'라고 하며 좋아했다. 솔직한 심정으론 이미 설계자가 있는 상황에서 끼어들고 싶지 않았다. 지금 생각하면, 꺼림칙한 마음이 들었을 때 그만두었어야 했다. 하지만 무슨 욕심이 들었는지 중간에 끼어들게 되었고 결국은 인테리어 디자인과 시공까지 하게 되었다. 내가 잘하는 것과 잘하고 싶은 것을 구별하지 못해 서로가 서로를 힘들게 하는 시간이 계속되었다. 난 끝을 보지도 못하고, 잔금을 받지도 못한 채 물러났다.

"미안한 것도 있었지만, 우리도 섭섭한 것들이 있었어요."

사모님은 그렇게 이야기를 이어가는가 싶더니 주방으로 들어가 서랍을 열고 봉투 하나를 꺼내 왔다.

"그때 우리가 못 준 잔금 2,000만 원, 수표로 넣었어요."

깜짝 놀라서 사양하려고 했지만 극구 받으라고 권했다. 그래야 자기도 마음이 편할 것 같다며. 어쩔 수 없이 봉투를 받아 넣고 '돈 많이 벌면 맛있는 거 사드릴게요.' 하고 농담 삼아 인사를 건넸다. 사모님은 "하하하 그래요!" 하며 박장대소했는데 그 모습이 왠지 후련해 보였다.

생각지도 않은 돈이 생겼다고 마냥 좋지만은 않았다. 복잡한 심정이라고 해야 하나. 팔 년이나 지나서 치른 잔금. 묵직한 무게감을 느꼈다. 이유가 궁금하기도 했다. 미안한 마음의 빚을 청산하고 싶었던 것도 같고, 그들에게 2,000만 원은 찝찝함을 남겨둘 정도로 큰 가치가 있는 돈이 아니었을 수도 있다. 아무려나. 나는 더 이상 궁금해하지 않기로 했다.

이 맛에 내가 건축하지

 얼마 전 초등학교 도서관 리모델링 설계를 했다. 요즘 '학교'라는 단어를 검색하면 험악하고 우울한 이야기들이 대부분이다. 난 아이들에게 학교 가는 것이 기대되는 공간을 만들어주고 싶었다. 그렇게 조금은 특별한 작업이 시작되었다. 사용자인 학생들이 참여하는 프로젝트였기 때문이다. 친구들과 다섯 차례 디자인 워크숍(놀이)을 통해 그들이 뭘 좋아하는지 또는 싫어하는지를 들었다. 친구들의 목소리에 귀 기울여 최대한 그들이 원하는 바가 반영된 디자인으로 공간을 함께 만들었다.

 완공 후 친구들이 좋아하는 모습을 보니 어찌나 기쁘던지. "맨날 오고 싶어요." "학교에서 도서관이 제일 좋아요." 라는 이야기를 들으면서 단순히 그들이 좋은 도서관을 이용할 수 있게 되었다는 것이 전부가 아니란 생각이 들었다. 공간의 변화로 학교생활이 얼마나 행복해졌는지 몸소 느껴봤다는 것 자체가 소중한 것이다. 이 경험을 통해 이 어린 친구들이 앞으로 살아가면서 자신에게 좋은 공간을 찾아다니거나 만들어가게 될지 누가 알겠는가. 내 눈엔 좀 더 좋은 방향으로 나아갈 친구들의 미래가 보이는 듯했다. 학교를 나오는 길, 나도 모르게 중얼거렸다.

"이 맛에 내가 건축한다."

때론 수지타산이 맞지 않아도 일을 해야 할 때가 있다

 2020년 더워지기 시작할 즈음의 일이다. 조금은 독특한 리모델링 의뢰를 받게 되었다.
 "제가 집을 샀는데요. 상태가 너무 안 좋아서 들어가 살 수도 없고, 어떻게 고쳐야 할지 엄두가 안 나서요. 좀 도와주실 수 있나요?"
 그러더니 대뜸 자기는 회사에 있고 부동산에 열쇠가 있으니 가서 한번 봐달라고 했다. 아무리 그래도 주인도 없는 집에 들어갈 수 없으니 퇴근 후에 보자, 하고 저녁에 의뢰인을 만나기로 했다.
 해가 어스름한 저녁, 의뢰인을 따라 문제의 집에 도착했다. 구로구의 쪽방촌이었다. 선뜻 대문 안으로 들어가지지 않았다. 폐가였다. 귀신이 나올지는 모르겠지만 쥐나 바퀴벌레는 확실히 살 것 같은 집이었다. 의뢰인은 겁이 없는지 성큼성큼 잘도 들어갔다. 어쩌다 이런 집을 매매하게 되었을까 궁금해졌다.
 "한 번쯤 한옥에서 살아보고 싶었거든요."
 순진한 의뢰인의 미소를 보니 나도 모르게 헛웃음이 나왔다.

한국에 있는 것이 한옥이라 하면 한옥이 맞을지도 모르겠다. "고쳐서 임대할 생각이세요?" 물으니, 의뢰인은 무슨 소리냐는 듯 "들어와서 살 거예요." 대답했다. 그녀는 조금 나이가 많은 솔로였다. 안정적으로 노후를 보낼 소중한 보금자리를 마련한 셈이었다. 나름대로 열심히 모아온 돈으로 마련한 누군가의 '내 집'을, 을씨년스러운 폐가로만 봤던 나의 시선을 반성하게 됐다. 때론 일이라도 수지타산을 생각해선 안 되는 경우가 있다. 이 경우에 그랬다.

그래서 시작된 프로젝트였다. 가진 돈이 3,000만 원밖에 없다 하여 거기에 맞춰 디자인해주고 시공업체 선정해주고 공사하는 내내 가서 봐줬다. 물론 돈 한 푼 안 받고.

그리고 이 년이 흐른 후 그녀를 다시 만났다. 근처 지나는 길이라며 사무실에 들른 것이다. 헤어질 즈음 조심스럽고 부끄럽게 봉투 하나를 내밀었다. 자기가 이 년 동안 집 살 때 진 빚 갚으면서 열심히 모은 돈이라고 200만 원을 줬다.

눈물이 났다. 너무 기특하고 고마워서. 그 의뢰인이 지금은 내 베프의 여자친구가 됐다. 때로 수지타산은 완전히 다른 방식으로 맞춰지기도 한다.

돈벌이만으로 할 수 없는 일이 있다

 돈벌이 수단으로서 건축을 본다면 이만큼 수지가 안 맞기도 힘들 거 같다. 절대적인 액수를 생각하면 적지 않다고 할지 모르지만, 사무실에 앉아서 머리 쓰는 시간, 현장에서 수많은 사람들과 투쟁에 가까운 에너지 소비를 생각하면 절대 그리 쉽게 말할 수 없으리라.

 즉 삼십 년 넘게 이 일을 할 수 있었던 이유가 돈벌이 때문만은 아니라는 얘길 하는 것이다. 이 일로 먹고사는 것만이 목표였다면 절대 이렇게 오래 할 수는 없었을 것이다. 점차 여유가 생기면서 나는 오히려 돈벌이에서 거리가 멀어지는 방향으로 더 시간을 쓰고 있다.

 그중 하나가 서울시 집수리전문관으로 활동하는 것이다. 주거취약계층의 주거환경개선을 위해 직접 찾아가 불편함을 듣고, 개선 방법을 제안해주고, 서울시 지원사업으로 연계해주는 일이다. 한번은 반지하층에 사는 모자 가정 사례가 있었다. 위층의 어느 가구가 물을 쓰든 무조건 지하층으로 물이 역류하는 상황이었다. 한마디로 온 집 안이 하수구가 돼버린다. 위층에 사는 사람들은 체감할 수 없는 열악함인 셈이다.

직접 보고 나니 영화 '기생충'의 주인공 집이 연상되는 환경이었다. 해당 가구의 어머니는 나와 비슷한 연배였다. 이 기막힌 상황을 해결해줄 구원자로 보였는지, 날 붙잡고 '선생님, 선생님.' 하며 하소연을 했다. 어떻게든 도와주고 싶었다. '시급한 수리 진행 요함.' 빨간색으로 강조하여 보고서를 올렸다.

내가 건축을 하는 이유는 이런 데 있다는 걸 다시 한번 느꼈다. 나의 일이 누군가를 도울 수 있는 자격이 된다는 것. 이건 돈으로 환산할 수 없는 가치이다.

여자가 하기 좋은 일이란 어떤 일일까

 가끔 어렸을 적 친구들을 만나면 현재의 내 직업에 대해 의외라는 반응을 보인다. 그리고 그 표정 뒤에는 약간의 존경이 담겨있다. 이유는 두 가지일 것이다. 하나는 오십 대 중반에 이르기까지 변함없이 일을 하고 있다는 것, 두 번째 '건축'이라는 일은 여자가 하기 힘든 직업이라는 인식 때문이다. 게다가 나는 어릴 적부터 작고 연약한 아이였다. 거친 현장 일과는 연결되지 않는 이미지다.

 하지만 건축은 여자가 하기 정말 좋은 직업이다. 의자에 엉덩이를 붙이고, 펜을 끄적대며 뭔가를 만드는 일도, 발주처와 만나 그들의 이야기에 귀 기울여 공감하는 것도, 결과물을 보기 좋게 만들어내는 것도 여자이기에 더 적합하다고 생각한다. 건축은 인간의 삶과 밀접한 관련이 있으며, 인간이 살아가는 공간을 창조하고, 사회와 문화를 표현하는 역할을 한다. 삶, 공간, 사회와 문화를 표현하는 역할을 하는 내가 좋다. 물론 여자이기에 힘든 부분도 없지 않다. 그런데 어떤 일이든 힘들지 않은 것이 있으랴. 그건 성별의 문제가 아니리라.

무엇을 위한 건축을 할 것인가

 지인이 사는 집이 얼마 전 '건축문화상'을 받았다. 전화를 걸어 축하한다는 인사를 건넸다. 그러나 지인은 '주방이 불편해 죽겠다.' 라며 투덜거렸다. 건축가들끼리 모여 '좋은 건축물'이라고 선정한 집인데, 정작 사는 사람은 불편하단다.

 생각이 많아졌다. 과연 무엇이 좋은 건축물인가. 건축가로서 지향해야 할 바는 무엇인가. 역사에 남는 건축물인가, 사람에게 남는 건축물인가. 그렇게 생각하니 나아갈 바가 선명해졌다. 나는 역사에 남기는 건축보다는 사람에게 남기는 건축에 몰입하기로 했다. 그것이 건축물의 본질이기에.

건물과 건축물의 차이

우리는 모두 집에 산다. 만약 당신이 대중교통 인프라가 충분한 도시에 산다면, 집의 형태는 대동소이할 것이다. 아파트나 빌라, 혹은 다세대주택 같은 공동주택일 확률이 높다.

어느 시대에나 마찬가지겠지만 집은 사는 곳이면서 동시에 재산이기도 하다. 하지만 요즘은 사회적 지위와 서열까지 좌우하는 지표가 되어가는 것 같다. 안타까운 부분은 이거다. 가치 있다고 평가되는 집들이 대부분 그만한 가치를 지니지 못하고 있다는 점이다. 건축가 입장에선 거기 사는 사람의 생애 전반과 어우러지는 지속 가능성, 지역 사회와 문화를 반영한 사회적 가치, 기후 변화를 고려한 환경친화성 등이 실현되어야 되어야 하는데 현실은 어디 그런가. 최대한 적은 돈을 들여 수익성을 높이기 위해 부실시공, 자재 바꿔치기가 난무한다. 그렇게 지어도 대기업 건설사 브랜드만 있으면 집의 가치가 높아지니까. 그런 걸 우리는 건축물이라 하지 않고 건물이라 부른다.

자연과 조화를 이루고, 실용성으로 선택한 재료를 활용하여 효율적인 공간을 만들어낸 건축물이 제대로 가치를 평가받는 세상이 되기를 꿈꾼다. 세상의 모든 사람들이 건물이 아닌 건축물에서 삶의 질을 높여갈 수 있기를 기원한다.

지금은 '다' 보이지 않지만, 마침내 완성될
'우주'를 기다린다.

by 은경

어릴 적 집을 추억하다

남지연 이야기

일곱 살 때 처음으로 단독주택으로 이사를 갔다. 오래되고 낡은 주택이었지만 마당은 꽤 넓었던 것으로 기억한다. 엄마, 아빠는 늘 바빠서 부재중이었기에 나와 여동생 둘이서 노는 시간이 많았다. 우리 둘과 강아지들이 맘껏 뛰어놀기에 마당은 충분했다. 마당 한편에는 텃밭을 일구어놓아 옥수수도 자라고 있었고, 지렁이, 무당벌레 등 벌레도 많았다. 가끔은 친구들도 놀러 와 즐거운 시간을 보냈다. 선명하고 아름다운 유년의 기억이다.

하지만 어린 시절 부모님의 부재가 아무렇지 않을 리 없었다. 해가 지고 달이 뜰 때쯤이면 어디선가 친구들의 이름을 부르는 소리가 들려오고, 마당을 시끌벅적하게 채우던 아이들은 하나둘 저녁을 먹으러 각자의 집으로 돌아갔다. 결국 그 넓은 마당에 남는 건 어린 나와 나보다 더 어린 동생뿐이었다. "엄마, 아빠는 언제 와?" 울먹이는 동생을 다독이며 나는 친구들보다 조금 더 일찍 철이 들어야 했다.

초등학교 4학년 때는 그 낡은 집을 허물고 같은 자리에 3층짜리 집을 신축했다. 주차장도 만들었고, 내 방과 동생 방, 서재까지 번듯하게 생겼다. 그 덕분에 새로 지은 집은 이모와 이모부, 삼촌들까지 자주 모여 노는 놀이터가 되었다. 내 기억 속 우리 집은 늘 사람이 모이는 잔치 공간이었다. 공간이 있어야 사람이 모인다. 사람이 모여야 외롭지 않다. 어찌 보면 집을 만드는 사람이 된 건 그런 집에 대한 즐겁고 신나는 기억이 어느 정도 무의식에 자리 잡았던 덕분이 아닐까 싶다.

건축이라는 우연

내가 이 일을 하지 않았다면 어떤 사람이 되었을까 가끔 생각해볼 때가 있다. 전공을 선택하기 전의 일을 돌아보면 내 앞엔 두 갈래의 길이 있었다. 피아노와 건축. 그러니까 나는 두 갈래 길 중 건축을 선택한 것이다.

사실 먼저 시작한 건 피아노였다. 내가 다니고 싶다고 해서 다닌 건 아니었고, 일하느라 바빴던 엄마가 부재의 시간을 메우기 위해 나를 데리고 처음 간 곳이 피아노학원이었다. 엄마를 기다리는 대신 다니던 피아노학원에서 나는 나의 재능을 발견했다. 원장님이 내 손을 꼭 붙잡고 '너는 꼭 피아노를 했으면 좋겠다.'라고 신신당부를 할 정도였으니까. 그 어린 나이에도 내가 남보다는 특별한 구석이 있다는 걸 조금은 느꼈던 것 같다. 학창 시절 내내 피아노를 쳤고 크고 작은 콩쿠르에 나가 상도 받고 하면서 '피아노 잘 치는 아이'로 성장해갔다.

피아노가 필연이었다면 건축이 내 인생에 들어온 건 우연이었다. 친구네 집에 놀러 갔는데, 친구 집은 크기는 말할 것도 없고 현대식의 멋진 저택이었다. 그다음으로 내 눈을 사로잡은 건 고운 화장에 멋진 홈드레스를 입은 친구네 엄마였다. 나도 모르게 불쑥 친구에게 이렇게 물었다. "너네 엄마는 무슨 일 하셔?" "우리 엄만 건축가야."

나는 그때 태어나서 처음으로 건축가라는 직업에 대해 알게 되었다. 그때부터 건축이 내 마음속에 들어와 피아노와 싸우기 시작한 것 같다. 피아노를 치면서도 마음 한편에서는 건축가가 되고 싶다는 마음이 똬리를 튼 것이다.

나에게 피아노는 그 자체로 '엄마의 부재'를 의미하는 것이었다. 멋진 친구네 엄마의 모습에서 '나도 저렇게 되고 싶다.'라는 생각을 갖게 된 건 내 자식에게 '엄마의 부재'를 느끼게 하고 싶지 않다는 마음 때문이었던 것이다. 건축가가 돼서 사랑하는 가족들을 위한 집도 직접 짓고, 그림 같은 집에서 아이들과 함께 시간을 보내는 엄마가 되고 싶었다고 해야 할까. 하지만 생각과 현실은 달랐다. 실제로 생각했던 건축가가 되긴 했는데 현실에서의 건축가는 너무 바쁜 삶을 살아야 했던 탓에 결과적으로 아들에게 엄마의 부재를 물려줄 수밖에 없었다. 운명이라고 해야 하나.

땅의 기운을 느끼다

프로젝트를 맡고 처음 현장에 갈 때 가장 가슴이 떨린다. 처음엔 일을 시작한다는 막연한 떨림이었지만 나중엔 '어떤 땅을 만나게 될까?' 하는 호기심이 더 커졌다. 각각의 부지별로 나에게 주는 느낌이 있기 때문이다. 밝고 따뜻한 땅이 있고, 차고 습해서 어둡고 우울한 느낌을 주는 땅도 있다. 건축물의 수명은 길어야 오십 년에서 백 년이지만, 땅은 수천, 수만 년 동안 그 자리에 있었을 것이다. 그 위에 어떤 건축물이 세워지고, 어떤 사람들이 살다 갔느냐에 따라 축적된 그들만의 기운이 있을 수밖에.

오래 건축을 하고 땅을 만나는 일을 하다 보니 자연스럽게 생긴 초능력 같은 건지도 모르겠다. 땅은 살아있다. 그리고 자신의 개성과 기운을 사람에게 온전히 전달한다. 건축가인 나는 이를 느끼고 구현해내는 사람이다. 우리가 땅을 소유하는 게 아니라 땅이 우리를 품어야만 수천, 수만 년 동안의 지혜를 내줄 것이다.

내가 생각하는 건축가라는 직업은

 건축가들 중엔 유독 글을 잘 쓰고 말을 잘하는 사람들이 많다. 건축보다 베스트셀러 저서나 TV 출연으로 더 유명한 건축가들도 있다. 젊은 친구들이 외적인 멋진 모습만을 보고 건축가의 꿈이 아닌 환상을 좇는 경우를 보면 걱정이 되기도 한다. 건축은 멋진 글과 말만으로 표현될 수 있는 것이 아니다. 건축가는 실제 사람이 살아가는 공간을 만들어 내야 하며 이 과정에서의 현실은 완전히 다르기 때문이다.

 그렇다면 건축가란 어떤 직업인가. 만약 나에게 묻는다면, 나는 이렇게 대답하고 싶다. 인간의 가장 밑바닥에 있는 욕망을 들여다보는 직업이라고. 어쩌면 집을 소유하고 싶다는 욕구는 인간이 가질 수 있는 지극히 기본적인 욕구이면서 동시에 가장 돈이 많이 드는 욕구이기도 하다. 생각해보라. 인간이 인간으로 살기 위해 필요한 세 가지 요소, 의식주 중에 가장 비싼 것이 무엇인지. 더 나아가 내 삶의 지표, 사회적 경제적 위치를 단적으로 명시해주는 요소는 어디에 있는 얼마짜리 집에서 살고 있는가가 아니던가.

건축가로 살아남기 위해선 인간의 욕망을 잘 들여다볼 줄 알아야 한다. 사실, 들여다보고 싶지 않아도 볼 수밖에 없다. 학교에서 배우고 꿈꿨던 아름다움만을 가지고 만들 수 있는 건축은 현실에 없다. 특히 상업적인 건축의 세계에 발을 디뎠다면, 그리고 거기서 성공하기로 마음먹었다면 계속해서 새로운 시험과 맞닥뜨리게 될 것이다. 우리가 가치 있다고 생각했던 그 모든 것-예술적 아름다움, 공공선, 인간성 등-이 때론 돈 앞에서 얼마나 작아지는가를 뼈저리게 느끼게 될 것이다. 돈이 아무리 많아도 그 본성의 비루함과 추잡스러움을 상쇄시킬 수 없다는 것을 깨닫게 될 것이다.

그리고, 결국 그 욕망에 부합하는 결과물을 만들어낸다. 건축가로서 꿈꾸는 아름다움과 인간 속에 들어있는 욕망을 건축가라는 이름으로 조합해서 멋진 건축물을 결국 만들어낸다. 시험에 통과한 것이다. 그렇게 수십, 수백 번의 시험을 통과하며 건축가가 된다.

나는 하나의 우주를 짓고 있어

 의식주 중에서 '집'이 갖는 의미는 참으로 특별하다. 당장 없다고 죽지는 않지만 '제대로' 살기 위해서는 집이 반드시 필요하다. 집이 없을 때는 목표 의식 없이 매일 술을 마시고 폭력을 일삼던 가장도 안정적인 주거환경을 갖추면 평온을 찾고 사회에 나가서도 힘 있게 일을 할 수 있게 된다. 가족이 마음 놓고 안락하게 머물 수 있는 곳이 이 세상 어딘가에 있다는 것만으로도 사람은 힘을 얻고 행복해진다. 그것이 집의 힘이다.

 '집'이라는 단어는 물리적인 의미만을 품고 있지 않다. 하나의 집이 만들어지면, 그 안에서 사는 사람들도 만들어진다. 하나의 완벽한 우주다. 실제로 '우주(宇宙)'는 한자로 집 우(宇), 집 주(宙) 자를 쓴다. 집을 만드는 일은 우주를 만드는 일인 것이다. 즉, 나는 우주를 만드는 사람이다. 설계하는 사람뿐만 아니라 각 공정의 전문 시공기술자들 역시 우주를 만들어내는 사람들이다. 자기 일에 거창한 의미를 부여하는 일이 결코 우습다고 생각하지 않는다.

입맛을 바꾸는 데는
엄청난 참을성과 노력이 필요하다.
이런 과정에서 길러진 인내심은
내 삶의 다른 부분을 바꾸는 데도
큰 도움이 된다.
by 지연

돈이 많은데 왜 그렇게 살까

어떤 사람이 건축가가 되면 좋을까 생각한다. 흔히 건축가의 주업무는 설계하는 것이라고 생각하지만 그건 일부에 불과하다. 오히려 인간에 대한 관심이 많은 사람에게 이 직업이 더 적합하다고 생각한다. 건축을 하다 보면 그 사람에 대해 속속들이 알 수밖에 없다. 아니, 알고 싶지 않아도 알아야만 일을 할 수 있다.

내게 일을 의뢰하는 클라이언트들은 대부분 땅을 갖고 있고 건물을 지어 올릴 여유가 있는 자산가들이다. 적게는 수십억, 많게는 조 단위에 가까운 재산을 가지고 있는 사람들을 만나 그들의 민낯을 샅샅이 들여다보는 작업을 하게 된다.

건축가란 직업은 그래도 나름대로 전문직이고, 단순한 을의 위치보다는 그들에게 자기가 살 집을 지어줄 사람, 혹은 자산의 가치를 높여줄 사람이니 허심탄회하게 속을 드러내곤 한다. 논의해야 할 사항도 많고, 프로젝트 기간도 장기로 이어지는 경우가 많기 때문에, 함께 식사하거나 가족들을 만날 일도 종종 있다. 그렇게 가까이서 그들의 인간관계와 사람을 대하는 태도 등을 관찰하다 보면 자본의 피라미드가 한눈에 보인다. 일면 '그래도 저 사람이 부자가 될 만하구나.' 하고 배우게 되는 경우도 있지만 '저리 돈이 많은데 왜 저렇게 살까?' 한숨이 나올 때도 있다. 사실 후자가 더 많다. 부자 중에 인간으로서의 높은 품격을 가지고, 진정으로 멋진 인생을 산다는 생각이 드는 사람은 정말 드물다. 자본의 피라미드가 곧 인간의 피라미드와 일치하지 않는다는 걸 알게 되면서 차츰 돈에 대한 집착이 사라졌다.

그러고 보니 건축가란 인간에 대한 환멸이 생기기 딱 좋은 직업이다. 직업상 자본과 밀착되어있는 삶을 살 수밖에 없다 보니 그 환멸감은 스스로를 향하기 마련이다. 내가 계속해서 그런 사람들을 관찰하며 머릿속에서 물음표를 돌리는 건 일종의 방어본능인 셈이다. '저 사람은 왜 저럴까? 저렇게 돈 벌어서 어디다 쓰려고? 싸 짊어지고 죽을 것도 아닌데, 저러다 죽으면 부끄럽지 않을까?' 만약 이런 생각을 멈추고 그들과 동화된다면, 그건 생각하고 싶지도 않다.

누군가는 '어른이 되면 원래 그렇다.' 라고 말할지 모르지만, 그렇다면 나는 영원히 어른이 되고 싶지 않다. 돈 때문에 의도적으로 약한 사람을 쥐어짜거나 개인적인 이득을 위해 부도덕한 일을 저지르고도 양심의 가책을 느끼지 않는 그런 사람을 너무나도 많이 만나왔다.

  그러나 내가 이 일을 계속하는 건 희망 때문이다. 나는 아직 기다리고 있다. 어딘가에 있지 않을까? 모두가 부러워할 만한 엄청난 부와 성공을 이루고도 여전히 반짝반짝 빛나는 사람이. 어딘가에 분명히 있는데 내가 아직 못 만나본 것 아닐까?

  그리고 어쩌면, 내가 그런 사람이 될 수도 있지 않을까.

나에게는 200번의 경험치가 있다

"이런 설계도면은 삼십 년 노가다 인생에 처음 봤네. 이러면 공사 못 해요. 이거 뭐 학생 작품도 아니고. 어떻게 하라는 거야!"

반장의 윽박지르는 소리가 날카로운 비수가 되어 뒤통수에 날아와 박혔다. 현장에서 시공과 설계의 기 싸움은 으레 있는 일이라는 걸 알고는 있었지만, 처음엔 나도 잔뜩 움츠러들었던 기억이 난다. 아닌 척 고개를 빳빳이 들고 "어디가 문제인데요? 도면 갖고 와보세요." 하고 응수했지만 "아니, 이게 수정해서 될 일이 아니라고!" 라고 막무가내로 우길 뿐이었다. 그들의 목적은 사실 뻔했다. 설계자인 나를 납작하게 만들어서 현장을 자기 입맛대로 끌고 가려는 수작일 뿐이었다. 건설 현장은 거칠고 투박한 남자들의 세계였다. 지금도 마찬가지지만 그때는 더더욱 심했다. 어린 여성 건축가가 버텨내기란 현실적으로 쉽지 않은 일이었지만, 이를 핑계로 물러설 이유는 없었다. 그래서 어떻게 극복했냐고?

극적인 방식으로 역경을 극복하는 신데렐라 스토리는 드라

마에서나 나올 뿐, 현실에 그런 건 없다. 솔직히 고백하면 특별한 노하우도 없다. 그저 묵묵히 맨몸으로 부딪히며 경험치를 쌓을 뿐이다. 처음엔 미친년, 쌈닭처럼 굴었다. 어찌나 한결같이 사람을 찍어 누르려 하는지 나중엔 늘 같은 패턴을 보며 조금 지겨워질 지경이었다. 일단 작업이 진행될 수 있도록 앞에선 다 수용하는 척하지만 시공도 사람이 하는 일이라 최소한 한두 번은 실수를 하게 되어 있다. 나는 그 순간을 기다려 주도권을 잡곤 했다.

시공사가 나 같은 여자랑 현장에서 싸워본 경험이 있으면 얼마나 있겠는가. 반면에 나에겐 200번의 경험치가 있었다.

"남 소장, 도면 이거 이래가지고 나중에 어떻게 감당하려고 그래?"

"네네. 공사 진행하시고 문제 생기면 언제든 말씀해주세요."

나중엔 불필요한 에너지를 쓰지 않고도 현장을 통솔할 수 있게 되었다. 여자가 아니었다면 겪지 않아도 되었을 핸디캡이었을지도 모른다. 하지만 그게 일을 계속 해나가지 못할 이유는 되지 않는다. 핸디캡이 있어도 없어도 어차피 내가 해나가야 할 일이라면 그냥 묵묵히 경험치를 쌓아나가는 거다. 할 수 있는 일은 그것밖에 없다.

부자가 건축에 돈을 쓰는 방식

 돈만 많은 부자들에게 건축이란 자신의 지위를 올릴 수 있는 수단이 되기도 한다. 건축이란 단순히 내가 살 집을 짓는 게 아니다. 건물 하나로 보여줄 수 있는 게 수만 가지는 되기 때문이다. '나는 이만한 건물을 지어 올릴 돈도 있고, 이런 건축물을 의뢰할 만큼 미적인 기준도 높은 사람이다.' 라는 걸 동시에 보여줄 수 있다. 즉, 돈만 많은 사람에서 'ㅇㅇㅇ를 지은 건축주'로 사회적 지위가 올라가는 것이다. 돈으로 살 수 있는 일종의 훈장인 셈이다.

 그렇게 본다면 까다로운 건축주들이 강박적으로 본인이 원하는 공간을 조르는 이유를 좀 이해할 수도 있을 것 같다. 그들의 무리한 요구를 들어줘야 하는 상황이 여러 번 계속되자 나는 그렇게 상황을 이해하게 되었다. 선택은 늘 나의 자존감이 아닌 돈에 좌우되곤 했다. 클라이언트의 어떤 요구에도 디자인을 포기하지 않고 그 의견을 맞춰줄 수 있는 실력은 일취월장했지만 '나' 라는 사람의 마음은 점점 줄어드는 게 느껴졌다.

재미있는 건 이거였다. 그들과 대등하게 서기 위해 내가 할 수 있는 건 실력을 키우는 게 아니었다. 그들 수준의 눈높이를 맞추자, 상대도 나에게 예의를 갖추기 시작했다. 다시 과거로 돌아가면 부자가 건축에 어떤 이유로 기꺼이 돈을 지불하는지 알고 그것에 좀 더 집중해서 같은 눈높이로 설계하는 것보다도 돈 버는 일에 더 집중할 것이다. 그러면 좀 더 행복한 건축을 했을 것 같다.

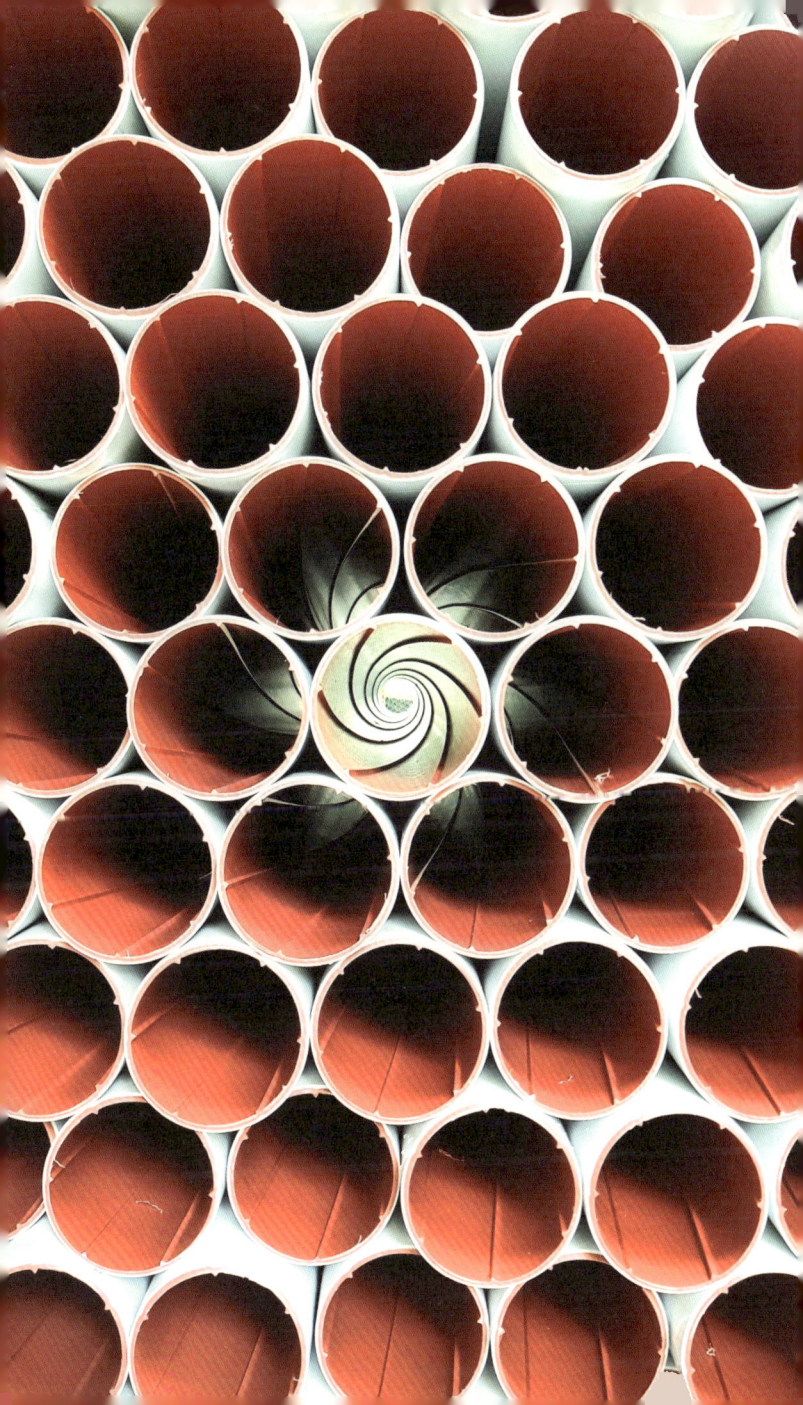

어떤 사람과 일을 할 것인가

 의뢰인 중에는 전문가인 건축가의 말보다 주변 지인들의 말에 더 잘 휘둘리는 이들이 있다. 이런 사람들의 공통점은 본인의 생각이나 취향이 구체적이지 않다는 것이다. 자신만의 확고한 스타일이 없으니, 주변인들의 참견에 금방 귀가 솔깃해지고, 자신의 결정을 쉽게 번복하기도 한다. 결정해놓고도 '이게 맞나?' 하고 불안해하기도 하고 '제대로 되어가는 게 맞나?' 의심하기도 한다. 의뢰를 받아 일을 진행해야 하는 사람 입장에서는 차라리 까다롭더라도 본인의 취향과 조건을 당당하게 요구하는 이들이 훨씬 반갑다. 당연히 결과물도 훨씬 훌륭하게 나올 수밖에.

너에게서 열정을 봤어

 하나의 건축물을 지어 올리는 과정 속에서 일어나는 모든 일은 결국 사람과 사람 사이의 일이다. 어떤 건축주를 만나 어떤 합을 이루느냐에 따라 해당 프로젝트의 난이도가 달라진다 해도 과언이 아니다. 물론 그 관계를 결정짓는 가장 중요한 요소는 '신뢰'다. 처음에는 서로에게 예의만 지키는 관계 정도였는데 완성해나가는 과정에서 서로의 배려가 끝까지 잘 지켜져 그 후에도 서로 신뢰하고 친해진 관계도 있다. 나는 운이 좋았다. 건축사사무실을 열고 처음으로 맡았던 관광호텔 프로젝트의 건축주인 김창수 회장님이 바로 그런 경우였다. 당시에는 조보에 불과했던 젊은 건축가를 끝까지 믿고 맡겨주었다. 그 프로젝트를 시작으로 나는 그 어느 것과도 바꿀 수 없는 경험치와 포트폴리오를 쌓을 수 있었다.

 오랜 시간이 흐른 뒤 회장님께 여쭤본 적이 있다.

 "회장님, 그때 왜 경험도 없는 저한테 일을 주셨어요?"

 그의 대답은 간단했다.

 "난 너에게서 열정을 봤다."

나는 생각했다. 건축주에게 필요한 것은 결국 '사람을 볼 줄 아는 눈'이구나. 어떤 일이든 기회만 주어지면 투신할 준비가 되어있는 젊은 건축가에게서 그는 자신보다 더 이 프로젝트에 몰입할 수 있는 열정을 보았던 것이다. 그리고 그 안목은 진짜였다. 당시 나는 만삭이 다 되어가는 몸으로 24시간 현장에서 뛰어다녔다. 건축설계부터 인테리어 마감까지 이 년 정도의 공사 기간 동안 정말 최선을 다해 때론 협의하고 때로는 싸움에 가까운 의견 충돌을 조율하기도 했다. 이윽고 완성된 관광호텔은 80억으로 가치가 뛰어올랐고, 현재는 300억 정도의 시가를 기록하고 있는 것으로 알고 있다.

나는 그 가치를 나 혼자 만들어냈다고 생각하지 않는다. 내가 일할 수 있도록, 그러니까 마음껏 뛰어다닐 수 있도록 판을 깔아준 회장님의 안목 덕분이라고 생각한다. 돈은 그런 사람이 버는 것이다.

나다운 집을 가져본 적 있는가

 사람이 사람으로 살기 위해 필요한 세 가지로 의식주를 꼽는다. '주(宙)'가 맨 끝에 있으니 셋 중에 가장 중요성이 덜한 것이 아닌가 싶겠지만 내 생각은 다르다. 가장 중요한 것이므로 맨 끝에 있는 것이다. 집은 사람을 완성시켜주는 가장 중요한 수단이라고 생각한다. 자신이 어떤 사람인지 알고, 그에 걸맞은 공간을 만들어나갈 수 있는 감각과 의지, 자산이 있어야 비로소 '나다운 공간'은 완성된다. 의지와 욕심만 가득하면 분수에 맞지 않는 집을 무리해서 얻게 되고, 돈이 아무리 많아도 자신의 취향이나 삶에 대한 태도를 충분히 들여다보지 않으면 유행만 좇는 불편한 집이 완성될 뿐이다. 그것은 진정한 '나다운 집'이라 볼 수 없다.

 사람이 사람으로 살면서 한 번쯤 '나를 진정한 나로서 살 수 있게 해주는 공간'을 갖는다는 것은 얼마나 가치 있는 일인가.

공간이 사람을 바꾼다

 오래된 건물을 허물고 신축 공사를 진행한 뒤 느껴지는 변화는 늘 흥미롭다. 거리 풍경이 달라지고, 새로운 건물로 인해 주변의 분위기가 활기차진다. 새로운 인파를 끌어들이니 주변 상권에도 영향을 미치고, 이는 또 다른 리모델링으로 이어지기도 한다.

 공간을 뿌리째 새로 만드는 신축설계뿐만 아니라 리모델링만으로도 이러한 변화를 충분히 느낄 수 있다. 수년 전 작업했던 한방병원 리모델링이 그 사례였다. 오래된 한방병원 특유의 분위기랄까. 수십 년 된 낡고 오래된 건물로, 주로 노인분들이 침 맞고 진료받으러 오는 어두침침한 공간이었다. 나는 막혀있던 벽을 부수고 전면을 대형 유리로 교체하고 외부 휴게공간인 발코니를 연결해 공간에 개방감을 주었다. 로비의 한쪽 벽면을 월넛 원목으로 고급스러움을 더하고 천장고를 높여 조명을 바꾸고 컬러감을 확 높였다. 그렇게 지상 1층에서 시작된 리모델링은 이용객들의 호응으로 전층 리모델링 공사로 확대되었다. 전체적인 공간 분위기를 확 바꾸자, 공간의 성격도 바뀌었다.

주로 젊은 아가씨와 중년 여성의 건강관리와 미용 관리의 공간으로 탈바꿈된 것이다. 병원의 수익성이 높아진 것은 두말할 나위도 없다. 이전의 어두침침한 공간이었다면 꿈도 못 꾸었을 변화였다.

지휘자가 정교한 교향악을 지휘하듯
건축가는 '힘이 다른 공간'을
어우러지게 만들어
하나의 건축물로 완성한다.
by지연

집은 고정불변의 존재가 아니다

 평생에 한 번 자기 집을 취향대로 지어 살기도 어려운 세상인데, 나는 건축가라는 직업을 가진 덕분에 일찌감치 내 집을 직접 설계하고 신축해서 살고 있다. 하지만 내가 공들여 디자인한 그대로 지어졌음에도 불구하고 살다 보니 마음에 안 차는 부분들이 있다. 부엌의 음식물 냄새 경로를 고려하지 못한 부분이라든가, 내 방에 딸린 외부 발코니를 고려하지 못한 점, 드레스룸의 환기를 별도로 하지 않은 점, 운동에 필요한 공간의 부족, 욕조의 중요성을 인정하지 않고 생략한 부분, 작업공간을 더 멋지게 구상하지 못한 부분 등등. 모두 직접 살아보고 나서야 깨달은 것들이다.

 다가오는 봄에는 이러한 부분들을 고려해 리모델링을 하려고 계획하고 있다. 사람도 살면서 얼마든지 성격이나 취향이 바뀔 수 있는 것처럼, 집도 한번 지어졌다고 그대로 고정되는 것이 아니라고 생각한다. 살면서 자신의 취향에 맞게, 혹은 필요에 맞게 수정하고 고쳐가는 과정도 즐거운 변화가 아닐까.

| 2부 |

별과 별이 만나
우주가 된다

지옥 같은 세상에서도 나에겐 선택권이 있었다.

나를 미워하지 않는 것. 나를 사랑하는 것.

small **talk**

우리 처음 만났을 때 기억나? 여성위원회 멤버들이 모인 브런치 모임이었지. 솔직히 고백하면, 난 할 일 없이 수다 떠는 여자들의 브런치 모임을 그리 달갑지 않게 보는 편이었거든. 그런데 우리 여성위원회가 서울의 구 단위 협회 중에선 최초의 여성위원회란 얘기를 듣고 나니까 그 모임이 조금은 특별하게 느껴지더라고.

그럴 수밖에 없지. 서울 전체에 여성건축사가 몇이나 되겠어. 아니, 건축에 국한할 필요 없이 한국 중년 여성 중에 결혼과 육아를 하면서도 동시에 경력을 지켜나갈 수 있는 사람 자체가 드물잖아. 처음에 난 기분전환이나 할 겸 참여한 거였어. 같은 지역의 동종업계에서 일하는 동료들과 수다라도 떨면 리프레시 되고 좋지 뭐, 하는 그런 가벼운 마음이었달까. 그런데 언니가 "수다만 떨지 말고 뭔가 함께할 수 있는 일을 생각해보면 어떨까요." 했을 때 머리 한 대 맞은 거 같더라고. 이 사람 뭔가 다르구나 싶었지.

불씨도 산소를 만나야 타오르잖아. 우리도 마찬가지야. 그때 남건이 내놓은 아이디어가 반짝이는 불씨 같았어. 지역의 일자리 문제와 우리 건축업계의 인력난을 동시에 해결할 수 있는 아이디어라니! 그래서 바로 한 페이지 짧은 기획안으로 만들어서 다음 모임 때 가져간 거야.

NAM
내가 그때 "이 언니, 천잰데?" 그랬지. 그런데 맞잖아. 나는 그냥 아이디어를 떠오르는 대로 얘기한 것뿐인데 언니의 한 페이지짜리 기획안에는 이 프로젝트의 목적과 효용성, 실행 방안과 효과까지 일목요연하게 정리되어 있었으니. 정말 대단한 사람이라고 생각했어.

KIM
당신이 자꾸 그렇게 날 추켜세워 주니까 내가 더 신나서 일하게 되잖아. 지금 생각하면 어안이 벙벙할 정도로 모든 일이 일사천리로 진행됐지. 정신을 차려보니 구청장님과 모든 부서의 실무책임자들 앞에서 브리핑을 하고 있고, 또 얼마 뒤에는 구의회에 들어가 브리핑을 하고 추경 예산을 따내고…… 우리 둘 다 서로를 보면서 "일이 이렇게 커질 줄 몰랐는데?" 그랬잖아.

NAM
그러게 말이야. 우연히 나온 아이디어가 구 단위 과제로 채택되어 예산을 따내기까지 두어 달 걸렸나. 건축사협회 역사상 전무후무한 일이라고 하더라고. 사실 우리는 아무런 욕심도 대단한 포부도 없었잖아. 각자의 자리에서 치열하게 일하며 먹고사는 평범한 건축쟁이였는데, 어쩌다 이렇게 된 거지?

KIM
우리가 이렇게 만났잖아.

small talk

건축하는 사람들은 똑똑하다.

김은경 이야기

 건축가는 사람을 만나 이야기를 나누는 것으로부터 일을 시작한다. 그들의 이야기를 듣고 드러나는 니즈와 숨은 니즈를 찾아내어 '남'의 집을 지어주는 일을 한다. 숨은 니즈를 찾기 위해 '공감'은 키워진다. 키워진 공감은 사람뿐 아니라 세상에 존재하는 바람, 공기, 소리에도 이어진다.

 건축가는 멀티플레이어가 되어야 한다. 그래서 혹 건축을 못하는 상황이 되더라도 무슨 일이든 잘할 사람이라고 생각한다. 동료 중 가장 독특한 캐릭터는 역시 남지연이다. 그녀는 말을 참 멋들어지게 한다. 그리고 설득력 있게 잘한다. 듣는 이들을 주목하게 한다. 당당함이란 저런 거구나 싶다. 어떤 책에서 '누가 먹을 것을 주면 백을 세고 먹고, 누가 네가 가진 것을 사려고 하면 네가 받고 싶은 돈의 두 배를 불러라. 그러면 누구도 너를 무시하지 않을 것이다.'라는 글을 봤다. 백을 세고 먹는 게 나라면, 두 배를 부르는 게 그녀다. 소심한 나는, 두 배를 부르는 대범한 그녀가 부러웠다. 내가 그녀를 공작으로 떠올린 이유다. 망할지도 모르지만, 한껏 화려함을 보여주는 모습! 자연선택에서 성공한 공작처럼 그녀는 망하지 않고 성장하고 있다. 아주 화려하게!

사람들은 자기를 좋아하는 사람을 좋아한다

건축주를 대할 때 나는 밑도 끝도 없이 존중하고 사랑하려고 애쓴다. 누가 주도권을 잡고, 밀당하고 그런 건 중요하지 않다. 내가 재면 그 사람도 잰다. 연애도 아니고, 건축주와 밀당하는 건 시간 낭비에 불과하다.

나는 집을 짓는 사람이다. 구체적으로는 건축주의 집을 지어주는 사람이다. 공간에는 삶을 담아야 한다. 좋은 건축가는 그 사람의 삶을 담은 공간을 만들어낼 수 있는 사람인 셈이다. 내가 건축주를 사랑하지 않으면, 즉 그 사람의 삶과 생활방식에 대해 전혀 관심이 없다면 좋은 건축물을 만들기 어렵다는 얘기다. 문제는 타인과 타인이 만나 그렇게 서로를 사랑하고 합이 잘 맞기가 쉬운 일이 아니라는 점이다. 이때 나는 '사람들은 자기를 좋아하는 사람을 좋아한다.' 라는 말을 떠올리곤 한다. 나를 존중해주는 사람이 하는 얘기는 충고로 들리고, 나를 사랑하는 사람의 거절은 나를 반성하게 한다. 그렇다면 그도 그럴 것임이 당연하다. 존중도, 사랑도 이심전심이다. 그러니 아끼거나 재지 말고 내가 먼저 주자!

지나친 몰입보다는 거리 두기

 풀리지 않는 문제가 나를 괴롭힐 때가 있다. 어떻게든 문제를 해결해야 하는데, 실마리는 보이지 않고 시간은 없고 내가 과연 이 일을 해낼 수 있을까 싶은 자괴감마저 덮쳐 온다. 크고 중요한 프로젝트일수록 그렇다. 스트레스와 조바심이 나를 잠식한다.

 그러나 언제부턴가 문제를 해결하는 나만의 방식을 찾게 되었다. 그것은 바로 '딴짓하는 것!' 프로젝트에서 완전히 손을 떼는 것은 아니지만, 중간중간 프로젝트와 전혀 상관이 없는 다른 일들을 하는 동안 번뜩이는 해결책이 떠오를 때가 종종 있다. 책을 읽거나, 여행을 가기도 하고, 다른 분야의 사람들을 만나 대화를 나누기도 한다. 삶이 무료하고 팍팍할 때는 굳이 개선하려고 애쓰지 말고 손에서 좀 놓을 필요도 있다.

지옥에서 살아남는 방법은 나를 사랑하는 것

 좋아하는 것에 대해서는 아무리 애정을 표현해도 과하지 않다고 생각하는 편이다. 좋아하는 사람에 대해서는 더더욱 그렇다. 그런 의미에서 나는 자타가 공인하는 '남편사랑꾼'이다. 아무리 죽고 못 사는 사이라도 나이가 들고 결혼 연차가 쌓이면 무덤덤해지지 않냐고 하지만, 천만의 말씀이다.

 그런 내가 단 한 번, 남편을 원망하고 미워했던 적이 있었다. 지금 생각하면 남편이 잘못한 건 하나도 없었지만.

 그들을 만난 건 시아버지 장례식장에서였다. 시누이의 시누이였다. 내가 건축가라는 걸 듣더니, "정릉동에 집을 지으려고 하는데." 라며 명함을 받아 갔다. 그렇게 정릉동 단독주택 프로젝트가 시작됐다. 쉽지 않은 개발제한구역 내 땅이었고, 설계부터 시공까지 쉬운 과정이 하나도 없었지만 난 다 해냈다. 지금 생각하면 그때 내 마음속엔 하늘도 뚫고 나갈 교만이 가득할 때였다.

그들은 어마어마한 자산가였음에도 이러저러한 이유를 대며 지급을 미뤘다. 뭔가 이상하다는 생각은 들었지만, 추호도 의심하지 않았다. 남편으로 연결된 지인이고, 자산가인데 설마 공사비를 떼어먹으랴 싶었다. 하지만, 세상엔 내 상식으론 이해되지 않는 사람들이 있다는 걸 몰랐다. 시간이 흘러 대금 결제 기일이 다가왔고, 나는 업체로부터 독촉 요구를 받게 되었다. 이 사정을 이야기했지만, 그들은 눈도 꿈쩍하지 않았다. 당연히 받아야 할 돈을 달라고 얘기한 걸 '공갈 협박'으로 신고하여 경찰서, 검찰까지 불려 다니게 했다. 매일 울었다. 억울하고 무섭고 미칠 것 같은 시절이었다. 먹지도 자지도 못하니 36킬로그램까지 살이 빠졌다. 매일 술을 마셨다. 누구라도 붙잡고 억울함을 하소연하고 싶었지만, 도와줄 사람은 아무도 없었다. 원망의 화살은 시누이, 그리고 남편에게까지 향했다. "너를 안 만났다면 그들을 알지도 못했을 텐데!" 라는 말도 안 되는 이유로 말이다.

어떤 일이든 늘 한 걸음 물러서 관조하듯 바라보는 그의 느긋한 성품이 이때만큼은 답답하게 느껴졌다. 사실 남편이 할 수 있는 일은 아무것도 없다는 걸 나도 알고 있었다. 그의 초탈한 듯, 성인군자 같은 면모는 분명 내가 사랑하는 모습 가운데 하나였다. 내가 사랑하는 사람에게 미워하는 마음을 품는다는 건 곧 나 스스로를 미워하는 것과 다름없는 행동이었다.

분명 최악의 상황이었고, 비열하고 나쁜 인간들이었으며, 돈만 있으면 그 나쁜 짓이 다 용인되는 지옥 같은 세상이었다. 하지만 그게 내 삶을 이렇게 불행의 구렁텅이에 빠뜨릴 이유로 충분한가. 내가 지금 당장 불행한 이유는 너무도 분명했다. 내가 사랑하는 사람을, 그리고 나 자신을 미워하고 원망하고 있기 때문이었다.

'나는 나를 사랑하잖아!'

불현듯 깨달음처럼 하나의 생각이 떠오른 건 잠이 오지 않아 매일 밤을 술로 지새우던 어느 날이었다. 모든 소송에서 다 졌고, 대금을 하나도 받지 못했다. 최선을 다해 일한 대가로 나에게 남은 건 천문학적인 액수의 빚뿐이었다. 그런 지옥 같은 세상에서도 나에겐 선택권이 있었다. 나를 미워하지 않는 것. 나를 사랑하는 것.

그렇게 결정하고 나니, 남편이, 나의 주변 사람들이 더 사랑스럽고 소중해졌다. 내가 나를 열심히 그리고 지극히 사랑해야 하는 이유를 '바닥'에서 찾았다.

엄마는 나도 몰랐던 나를 알아봤다

건축사 사무실을 운영해온 지 벌써 이십칠 년 차다. 여성 건축사로 사업체를 이렇게 오래 운영해오면서 부침이 없었을 리 없다. 한번 사업이 휘청해서 큰 빚을 진 적이 있었다. 다 내 욕심 탓이라 여기며 천천히 조금씩 다 갚았다. 때마다 역경이 찾아오지만, 어떻게든지 해결해왔다.

언젠가 엄마가 그런 말을 한 적이 있다. "은경이 쟤는 사막 한가운데 떨어져도 살아남을 아이다." 어렸을 땐 엄마가 나에 대해 왜 그렇게 얘기하는지 이해가 가지 않았다. 나는 몸집도 작고 겁도 많고 소심하기 이를 데 없는 아이였다. 운동도 못하고 무서운 거라곤 질색이었다. 사막 한가운데 혼자 있다는 상상만 해도 눈물이 날 것 같은데, 내가 거기서 살아남을 아이라고?

엄마가 뭘 보고 그렇게 말씀하셨는지는 아직도 모르지만, 분명한 건 엄마의 그 말이 나에게는 마치 주문과 같은 역할을 했다는 것이다. 내가 혼자 헤쳐나가야 하는 팔자라는 것 말이다. 살면서 여러 어려움이 있었지만, 단 한 번도 남에게 의지해서 헤쳐나온 적이 없다. 아무리 지치고 힘들어도 누군가를 의존하거나 의지해서 살아본 적이 없다. 그러니까 나는 빽도 줄도 없다. 어느 순간, 나는 그냥 혼자 헤쳐나가야 하는 팔자인가 보다 생각하게 되었는데, 그때 어릴 적 엄마가 했던 그 말이 생각난 것이다.

엄마는 소심하고 겁많은 어린 딸에게서 어떻게 먼 미래를 보았던 것일까. 어떤 어려움이 닥쳐도 혼자 잘 헤쳐나갈 것이라고, 너에게는 굳은 심지가 있다고(이렇게 멋있게 말해주진 않았지만) 어떻게 알아보았던 것일까.

이제는 누군가가 내밀어주는 구원의 손길을 기다리기보다 나만의 온전한 힘으로 살아나가는 내 자신이 더 자랑스럽다. 그걸 알아봐 준 엄마가 신기할 따름이다.

너나 나나 하양은 아니다

한참 사람 때문에 스트레스 받던 시기가 있었다. 너무 힘들어 하소연을 하니 남편이 이렇게 말했다.

"은경이 주변엔 왜 이렇게 나쁜 사람만 있어?"

웬만하면 사람에 대해 좋게만 말하는 남편인데, 오죽하면 이렇게 말할까 싶다가도 내심 언짢았다. 내 인간관계가 엉망진창이라는 소리로 들렸기 때문이다. 유유상종이란 말이 있잖은가. 내가 나쁜 사람이라 나쁜 사람만 꼬이는 건가, 하는 생각에 의기소침해질 지경이었다.

곰곰이 생각을 해보았다. 내가 자주 하는 '나와의 대화'가 시작된 것이다. 내가 잘못한 게 있나? 아니지, 누가 봐도 그 사람이 잘못한 거잖아. 물론, 내 잘못이 아예 제로라 볼 수는 없겠지. 한 10퍼센트 정도? 그럼 그 사람은 90퍼센트인가? 그래, 나는 10퍼센트만 까맣고, 그 사람은 90퍼센트 까만 사람이라 치자. 어? 둘 다 하양은 아니네.

그 순간 머리를 한 대 맞은 것 같은 느낌이 들었다. 스스로에 대해 객관적으로 생각해보면 난 절대 결백(潔白)한 사람은 아니다. 대충 보면 하얗고 깨끗해 보일 수도 있겠지만 적당히 더럽혀지고 구겨진 데가 있을 것이다. 대체적으로는 착하고 배려하는 사람으로 보일 수 있겠지만 당연히 그렇지 않은 순간도 있을 것이다. 그런데 나는 나도 모르게 나는 하얗고, 저 사람은 까맣다고 이분법적으로 생각하고 억울해했다. 만약 절대자가 저 하늘 위에서 내려다본다면 '둘 다 하양은 아니구나.' 할 터였다.

나는 생각을 고쳐먹기로 했다. '100퍼센트 하얀 사람이 되어야지.' 가 아니라 '그래, 난 하얗지는 않은 사람이야.' 하고 인정하기로 한 것이다. 난 착하지 않다. 남을 돕더라도 내가 할 수 있는 만큼만 도와준다. 나는 남을 배려하더라도 그럴 마음이 기꺼이 들 때만 배려한다.

언젠가 '나는 주변에 정말 좋은 사람이 많다.' 라고 말하는 동네 친구를 만난 적 있다. 실제로 그 친구는 정말 착하고 열심히 사는 친구다. 난 저 친구처럼 살 자신이 없었다. 그 순간 난 알았다. 앞으로도 내 주변에 착한 사람이 많기를 바라는 건 욕심이겠구나.

성공한 건축가란 무엇일까

건축은 한마디로 정의하기 어려운 일이다. 국가 공인의 자격증을 갖춰야만 하는 기술직이기도 하지만 일의 성격을 보면 일부 예술의 영역이고 또 어느 정도는 사업의 영역이기도 하다. 어느 쪽에 재능을 발견하느냐에 따라 야망을 발현할 가능성은 무궁무진하다고 볼 수 있다. 미디어에서 좋아할 만한 예술적으로 인상적인 작품에 매진할 수도 있고, 수익성 좋은 사업에만 매달릴 수도 있다.

그런 면에서 볼 때 나는 그 어느 쪽에도 크게 야망이 없었다. 크게 사업을 확장할 배포도 없었고, 건축사에 한 획을 그을 역작을 만들지도 못했다. 하지만 나는 내 스스로를 제법 성공한 건축가라고 자부한다. 삼십오 년간 쉬지 않고 일을 해온 것만으로 그렇게 여기는 건 아니다. 그렇게 생각하는 이유는 딸들 덕분이다. 내게는 사랑스러운 쌍둥이 딸이 있는데, 둘 다 건축을 한다. 엄마도, 아빠도 건축을 하니 자연스럽게 영향을 받은 덕분이겠지만 속으로 조금은 흐뭇했다. '적어도 아이들 눈에 내가 후지게 보이진 않았구나.' 싶어서.

내게는 작은 소망이 생겼다. 딸들에게 부끄럽지 않은 여성 건축가가 되고 싶다. '나도 꾸준히 하다 보면 엄마처럼 되겠구나!' 라고 생각할 수 있도록. 단언하건대, 이건 절대 수월한 목표가 아니다. 이제 나도 야심 있는 건축가다.

딸에게 옷을 물려준다는 것

지난 크리스마스 연휴, 딸이 프라하로 여행을 간다며 부산스럽게 짐을 싸고 있었다. 오랜만의 유럽 여행이라 가슴 설레하며 옷을 고르는 딸의 모습이 귀여웠다. 딸의 고민은 겉옷이었다. 유럽의 겨울이 은근히 춥다는데 한국에서처럼 두꺼운 패딩을 입고 싶지는 않고, 나름대로 멋을 부리고는 싶은 모양이었다. 나는 옛날 옷장을 뒤져서 이십 년 전에 유럽에서 구입한 후디 파카 하나를 찾았다. 제법 따뜻하기도 하고 검정색과 빨간색이 세련되게 배합된 디자인이 한국에서는 흔히 보기 어려운 개성이 있는 옷이었다. 나이 들면서 자연스럽게 안 입게 된 수많은 옷들 가운데 하나였다.

딸이 그 옷을 입어보더니 표정이 확 밝아졌다.

"엄마, 이 옷 너무 예쁜데? 크리스마스 분위기와 찰떡이야."

마음에 든다는 듯 활짝 웃는데, 내 눈에도 정말 잘 어울려 보였다. 그래, 이제 그 옷은 네 옷이다. 적법한 절차를 거쳐 옷의 소유권이 승계되는 순간이었다. 혹시 모를 아쉬운 마음에 다시 한번 그 옷을 입어보았다. 나의 체구가 그리 큰 편은 아니었기에 크기는 잘 맞았지만 뭔지 모를 위화감을 지우기 어려웠다. 지나가던 남편도 그 모습을 보고는 "은경이는 그 옷 입지 마." 라며 부드럽지만 단호하게 만류했다. 하아. 그거 원래 내 옷이었는데.

더 이상 옷을 사지 않기로 했다

"내일 옷장 정리하기로 한 날인 거 알지? 늦어도 저녁 일곱 시까지는 들어와야 돼."

큰딸이 마치 선언하듯 옷장 정리 일정을 공지했고, 나와 작은딸은 동시에 고개를 끄덕였다. 체구가 비슷한 우리 세 모녀는 옷장을 공유하다시피 하고 있다. 여자가 셋이나 있는 집안이다 보니 옷장엔 옷이 넘쳐난다. 하지만 외출 준비 할 때마다 나를 포함해서 모두가 같은 말을 중얼거리곤 한다.

"아, 왜 이렇게 입을 옷이 없어."

참 아이러니하다. 옷장이 터져 나가도록 옷이 이렇게 많은데 입을 옷이 없다니. 깔끔한 성품인 큰딸이 주기적으로 옷장 정리를 주도하지 않으면 진작 터져 나갔을지 모를 일이다.

정해진 시간이 되어 셋이 모였다. 먼지가 묻지 않도록 바닥에 신문지를 깔고 그 위에 옷을 필요와 목적에 따라 분류한다. 가장 중요한 일은 더이상 안 입는 옷을 빼놓는 일이다.

"야. 너 이 옷 작년에 한 번이라도 입었어?"

"아니. 한 삼 년 안 입은 것 같은데."

"버려."

"하지만……."

"버려."

옷이 하도 많다 보니, 가끔은 이런 웃지 못할 촌극도 벌어진다.

"이 옷은 누구 거야? 엄마가 샀어?"

"아니."

"그럼 네가 샀어?"

"아니야. 그런 옷 안 샀어."

"……그럼 누가 산 거야?"

"범인은 우리 셋 중에 있다. 빨리 자수해."

딱 봐도 사용감이 없는 것이 누군가 사놓고 자기가 산 줄도 모르고 방치해놓은 옷이다. 한마디로 크게 고심하지 않고 애정 없이 산 옷이라는 얘기다. 그런 옷을 몇 년씩이나 옷장 안에 고이고이 모셔두고 있었다니.

문득, 옷이 이렇게 많은데 더 사는 게 의미가 있나 하는 생각이 들었다. 젊은 애들이야 유행에 민감하다지만, 나는 이미 그런 것과는 거리를 둔 지 오래다. 그래서 작년에는 '나와의 약속' 리스트에 일부러 적어 넣었다. '더 이상 옷을 돈 주고 사지 않는다.'

물론 못 지켰다.

여전히 우리 집 옷장에는 옷이 많고, 나는 입을 옷이 없다.

우리는 현재를 바라보고 집을 짓지만
백 년 넘은 고택은 관광자원이 되고
천 년 넘은 건축물은 유네스코 세계 유산이 된다.

by은경

내 남편 석희

그를 처음 봤을 때부터 좋아했다. 말하는 것도, 생각하는 것도 좋았지만 무엇보다 잘생긴 것이 좋았다. 결혼하고 쌍둥이를 낳고 사는 도중에도 가끔 꿈에서 깬 듯이 감격하는 순간이 있었다. 무슨 이벤트가 있어서가 아니었다. '내가 진짜로 저 사람과 같이 산다니!' 이렇게 좋아하는 사람과 함께 산다는 것이 행복하고 신기했다.

대부분의 사람들은 이런 나를 더 신기해한다. 내 남편 석희가 좋은 사람인 건 알지만 수십 년을 같이 살면서 매 순간 행복해하는 게 가능한 일이냐는 거다. 당연히 매 순간 행복했던 건 아니지만 대개는 행복했다. 그리고 이러한 애정은 일방적인 것이 아니다. 아빠가 날 예쁘게 봐주어서, 스스로를 예쁘다 생각하며 컸던 것처럼 내 남편 석희 또한 나를 늘 예쁘게 봐준다. 그가 자주 하는 말은 이것이다. "응, 은경이 하고 싶은 대로 다 해."

내가 무엇을 하든 늘 긍정해주고 사랑스럽게 지켜봐 주는 그가 있기에 나는 현재의 삶을 잘 살아가고 있다고 생각한다.

나는 가끔 걱정스러울 만큼 행복하다

과거로 돌아가고 싶지 않다. 꽤나 치열하게 살았고, 그 결과가 지금의 '나'다. 다시 하고 싶지 않다. 공부도, 결혼(준비)도, 신혼의 투닥거림도, 육아까지 다시 하고 싶지 않다. 솔직히 고백하면 지금의 나는 가끔은 걱정스러울 만큼 행복하다. 오십대가 되니 나를 위한 시간이 확실히 늘어났다. 아이들이 다 커서 제 일을 하고 있는 상황이다 보니, 엄마로서 챙길 것도 없다. 그러니 맘껏 일할 수 있어서 좋다. 이제 내가 하고 싶은 일만 찾아가면 된다. 발등에 떨어진 일로 그것을 못 찾고 나이가 들어버릴까 걱정이지만.

내 운명을 결정하는 건 나여야만 한다

 나는 운명론자가 아니다. 운이 내 삶을 좌우할 수 있다고 생각하지 않는다. 만약 세상에 운이란 게 존재한다고 해도 나는 그것을 요행에 쓰고 싶지 않다. 커다란 운을 한 번에 쓰는 것이 좋을 리 없다. 별일 없는 게 제일 행복한 법이다.

나를 바꾸는 게 낫다

사는 게 내 맘 같지 않을 때가 있다. 자기 생각만 옳다고 고집하는 사람들, 우월의식에 젖어 잘난 척하는 사람들, 잘 알지도 못하면서 나를 업신여기거나 비난하는 사람들……. 나라면 저렇게 행동하지 않을 텐데, 왜 저러나 싶다. 가끔은 울분이 솟는다.

그럴 때 떠올리는 얘기가 있다. 사람은 끼리끼리 모인다는 것이다. 나에게 거슬리는 그 사람의 모습이 나에게도 있을 경우가 있다. 내가 남을 바꿀 수는 없어도 나를 바꿀 수는 있다. 내가 나를 괜찮다고 말해주면, 진짜로 괜찮아진다. 믿어보시라. 정말 그렇다!

큰돈 주고 크게 배웠다고 생각해

사기를 당했다. 나는 만져보지도 못한 큰 액수의 돈이 오롯이 내 이름으로 된 빚으로 남았다. 내가 무엇을 잘못했나. 억울했다. 죽고 싶었다. 내 잘못은 그저 사람을 너무 믿었고, 열심히 일한 죄밖에 없었다.

우리의 삶을 전투에 비유하는 남편의 말에 나는 100퍼센트 동의했다. 전투 아닌 삶이 세상에 어디 있을까마는 우리는 상당히 많은 종류의 전투를 겪었다 자부할 수 있다. 열심히 일을 했을 뿐인데, 그렇게 많은 빚을 지고 소송을 당하는 억울한 상황이 흔하진 않을 것이다. 하지만 열심히 잘 싸웠다고 무조건 살아남는 것도 아니다. 내가 살아남았다 해서 그게 100퍼센트 내 능력일까. 다른 누군가의 덕분일까. 혹은 운일까.

나의 경우는 그랬다. 억울함에 가슴을 치며 술로 매일 밤을 지새우던 그때, 남편의 한마디가 나를 구렁텅이에서 꺼내줬다.

"큰돈 주고 크게 배웠다고 생각해."

그 말이 뭐라고 내가 처한 지옥 같은 현실이 별것 아니게 느껴지게 해주었다. 그래, 좀 비싼 대학원 등록금 냈다고 생각하

자. 대학원 4년 공부한다고 뭐 얼마나 큰 거 배우겠나. 짧은 시간에 그보다 더 큰 진리와 현실을 배웠으니 오히려 이득이다.

어쩌면 진짜 운이 좋은 건지도 몰라

"솔직히 말씀드리면, 여기 오는 여자들요. 아무 생각이 없어요."

그 말을 듣는 순간, 우리는 얼음이 되었다. 이게 여성 능력을 개발한다는 좋은 취지의 단체장이 과연 입에 담을 수 있는 말인가. 소위 말하는 '여적여'라는 게 이런 걸 말하는 것일까. 우리는 지역 예산을 받아 경력보유여성을 위한 취업지원사업을 진행하기 위해 많은 사람을 만났다. 그 과정에서 우리가 느낀 감정은 실망이었다. 그들에게서 교육에 대한 어떤 자긍심도 찾아볼 수 없었다. 특히 같은 여성으로서 '여자들은 생각이 없다.'라는 식으로 여성을 깎아내리는 사람을 볼 때는 뭔가 속에서 울컥 올라오는 것 같았다.

이 일을 시작한 의도는 지극히 순수했다. 우리가 사는 지역에는 능력을 갖춘 경력보유여성들이 생각보다 많다는 것을 잘 알고 있었기 때문이다. 그들에게 필요한 능력과 기술을 교육 후 취업과 연계하는 사업을 떠올린 건 그래서였다. 예산 편성도 쉬운 일이 아니고, 일이 되게 만들겠다고 시간과 재능 기부를 하는 것도 성가신 일이다 보니 이런 프로젝트에 자발적으로 참여하는 건축사는 전무하다 봐도 좋을 터였다. 우리가 두 팔 걷어붙인 건 서로의 뜻이 잘 맞았기 때문이고, 나이 오십이 넘은 시점에 뭔가 남을 위해 좋은 일을 해보고 싶다는 공명심도 어느 정도 작용한 게 사실이었다.

하지만 그 과정에서 이렇게 사람에게 실망하게 될 줄은 상상도 못 했다. 나는 기본적으로 본연의 직업의식을 지닌 사람을 존중한다. 아주 기본적인 제 할 일에도 성실하지 않은 사람들이 이렇게 많다니 놀라울 따름이었다. 하지만 지역에 이 프로젝트가 반드시 필요하다는 지자체장의 뚝심으로 일은 어떻게든 착착 진행이 되었고, 이윽고 이 프로젝트에 지원한 경력보유여성들의 면접을 보게 되었다.

그리고 나는 그날 초심을 되찾을 수 있었다. 이 일의 목표였던 경력보유여성들과 마주하는 순간, 맨 처음 이 일을 하고자 했던 마음. 그 순수한 의도를 다시금 떠올렸고 그래, 우리 생각이 맞았어, 하고 확신할 수 있었다.

"출산과 육아 때문에 어쩔 수 없이 일을 그만두고 너무 우울했어요. 보다 못한 남편이 모집공고를 보고 저에게 권해주더라고요."

"이십 대 때 건축을 했어요. 그땐 정말 지겹더라고요. 매일 야근하고, 밤샘은 일상이고. 그렇게 결혼하면서 자연스럽게 일을 그만둬서 좋다고 생각했는데 그게 아니었어요. 남편도 건축을 하는데 어느 날 집에까지 일을 갖고 와서 하길래 좀 거들어줬어요. 근데 너무 재미있는 거예요. 다시 하고 싶다는 열망이 생겼죠."

"일이 없으니 이름으로 불릴 일이 없어요. 이제는 내 이름을 찾고 싶어요."

그들은 절대 생각이 없어서, 혹은 게을러서 경력이 단절된 게 아니었다. 오히려 중간에 일이 끊기지 않고 지금까지 쭉 경력을 이어올 수 있었던 우리야말로 운이 좋았던 게 아닐까.

면접을 마치고 돌아오는 길 그동안 고생했던 보상은 다 받았다는 생각이 들었다.

사람이 아닌 사람

 책임지기 싫어서 자꾸 말을 빙빙 돌리고, 일 처리에 미온적인 담당자를 만날 때면 솔직히 '한심하다.'라는 생각이 머릿속을 떠나지 않는다. 속에서 열불이 나기도 한다. 아니, 일을 하라고. 그 일을 하려고 그 자리에 앉아있는 거잖아. 본인의 할 일만 하면 되는데, 왜 그걸 안 해서 다른 사람을 이렇게 힘들게 하는 거지?

 스트레스를 받을 때는 책을 펼친다. 요즘 '주역'에 심취해있다. 가장 인상 깊었던 내용이 사람을 보는 눈에 관한 내용이다. 인간은 군자, 대인, 소인, 비인으로 나뉘는데 그중 비인은 사람이 아닌 것으로 비인과는 말도 섞지 말라고 되어있다.

 이 구절을 읽고 속이 시원하다고 해야 하나. 얹힌 게 내려가는 기분이었다. 그동안 만났던 '비인(非人)들'이 떠올랐기 때문이었다. 그들이 '비인'이어서 그동안 말이 안 통했구나. 그렇다면 아예 말을 섞지 않는 게 나에게 이로운 일이다.

때론 살아남았다는 것만으로도
칭송받아 마땅하다

 가끔은 내게도 선배가 필요할 때가 있다. 나보다 앞서 같은 길을 걸어간 선배들로부터 용기도 얻고, 위로도 받고 싶을 때가 있다. 하지만 육십 대 이상의 나이에도 계속 활동하는 여성 건축사는 매우 드물다. 사실 이 분야에서 한 획을 긋거나 대단한 성공을 거둔 것은 아니지만, 그렇다고 해서 그동안 우리가 해왔던 일들과 쌓아온 시간들을 폄하하고 싶지는 않다. 때론 살아남았다는 것만으로도 칭송받아 마땅한 일이 있는 법이니까.

 사십 대까지만 해도 그런 생각은 하지 않았다. 나름대로 어렵게 회사를 키워가며 수많은 프로젝트를 성공시켰지만, 나는 늘 스스로를 채찍질했다. 더 잘하고 싶었고, 더 성공하고 싶었다. 더 이상 헤아리기도 힘들 정도로 수많은 포트폴리오를 쌓아 올렸지만, 아직도 부족한 것만 같았다. 한 번은 누군가의 권유로 그동안 내가 해왔던 작업물들을 총망라해서 건축 이야기를 펼쳐낸 책을 출판하려고 한 적이 있었다. 출간이 다가올수록 뭔가 아니라는 생각이 자꾸만 들었다. 뭐 대단한 일이라고 책을 내가면서까지 스스로를 전시하려고 하는 거지? 이런 생각에 결국은 인쇄 직전에 중단했다.

지금 생각하면 자격보다는 자신이 없었던 것 같다. 그리고 어쩌면 자격보다 중요한 것이 자신일 수도 있겠다는 생각이 든다. 자신을 찾아가는 건 그저 열심히만 한다고 되는 일이 아니다. 나는 아직도 그 방법을 찾고 있다.

'나' 중심으로 돌아가기

이 일을 오래 하면서 생긴 능력이 있다면 그것은 바로 '사람을 보는 눈'이다. 하루에도 일용직 잡부와 수천억대 자산가 등 각양각색의 사람들을 수없이 만나고, 설득하고, 소통해야 하는 직업이니 당연하다.

나는 원래 사람을 마냥 좋아했다. 인간에 대한 기본적인 믿음이 있었다고 할까. 굳이 성선설과 성악설로 구분 짓는다면 성선설이 맞다고 생각하는 쪽이었다. 더 많은 사람들을 사귀고, 서로 챙기고, 도움을 주고받고 하는 데서 삶의 에너지가 나온다고 생각했다. 젊을 때는 인간관계의 중심에 서서 분위기를 주도했기에 소위 말하는 '인싸'로 살았던 것도 사실이다. 매일 사람을 만나고 즐겁게 술잔을 기울였다.

나이가 드니 시선의 포커스가 남에서 나로 향하게 되었다. 남에게만 맞춰주는 습관이 있었던 나에게 이건 너무나도 중요한 변화였다. 이제야 나를 바라보게 되다니. 사람도 거의 만나지 않고, 책을 읽고 운동을 다니는 현재의 나를 생각하니 과거가 까마득하게 느껴진다. 나이가 들면서 삶은 자연스럽게 외부

의 사람들이 아니라 '나' 중심으로 돌아가고 있다. 나 자신에게만 집중하니 삶은 더욱 심플하고 가벼워졌다. 나 자신만 세팅하면 되니까.

착한데 일 못하는 사람 vs
똑똑한데 인성이 나쁜 사람

요즘 밸런스 게임이 인기다. 두 가지 선택지 안에서 반드시 하나를 선택해야 하는 게임이다. 오래 생각하면 안 되고 즉시 답을 해야 한다. 다양한 분야에서 적용되는데 회사원 버전의 밸런스 게임을 보고 한번 나도 생각해본 적이 있었다. 질문은 이거였다.

일은 잘하는데 인성이 나쁜 사람 VS 인성은 좋은데 일을 너무 못하는 사람

질문을 보자마자 떠오르는 친구가 있었다. 예전에 사무실에서 일하던 직원이었다. 열심히는 하는데 일머리가 좀 없다고 해야 할까. 능력보다 인성이 더 중요하다고 생각했으니까. 나는 그 친구가 착해서 좋았다. 제대로 도와주고 싶었다. 일이야 하다 보면 늘 수밖에 없는 거라고 생각했다. 물론 쉽지만은 않았다. 가르치다가 도리어 내가 지칠 지경이었다.

결론부터 이야기하면, 그 친구는 얼마 가지 않아 회사를 그

만두었다. 그 직원이 문제였다고는 생각하지 않는다. 당시 내가 가지고 있었던 업무의 기준이 문제였을 것이다. 그 친구의 실력은 조금씩 성장했지만 문제는 나였다. 계속 내 밑에 있다가는 그 친구가 급한 내 성격으로 인해 건축에 대한 의지마저 잃을까 걱정이 되었다.

기를 못 펴고 죽을 것 같았다. 어쩌면 내가 놓아준 거였을지도 모른다. 아는 회사에 괜찮은 자리가 나왔고, 그리로 가라고 권했으니까. 재미있는 건 그 회사에서는 그 친구가 에이스 대접을 받았다는 것이다. 실력 때문만은 아니었을 거라 생각한다. 느리지만 계속 성장하겠다는 의지, 주변 사람들과 잘 지내려는 좋은 마음 등 이런 친구들은 결국에는 성장하고 해내기 때문일 것이다.

시간과 에너지를 써서 인재를 키워놓고 인내심 부족으로 남 좋은 일만 시킨 것 아니냐고 할지 모른다. 하지만 나는 다시 그 시간으로 돌아가도 역시 같은 선택을 할 것 같다. 인성이 좋은 사람 쪽이다.

손을 보면 그 사람이
어떻게 살아왔는지 보인다

 지인들과 골프를 치러 갔다. 그날 우리를 담당하게 된 캐디의 손이 눈에 띄었다. 손톱이 필요 이상으로 길었고, 화려한 네일아트를 하고 있었다. 나도 모르게 한마디 했다.

 "손, 불편하지 않으세요?"

캐디는 씨익 웃고 말았다. '별 참견을 다 한다.' 생각했을 것이다. 사실, 이건 나의 직업병이기도 하다. 사람을 볼 때 손을 먼저 보는 습관이 있다. 얼굴은 화장으로 몸은 옷차림으로 감추거나 위장할 수 있지만 손은 절대 그럴 수 없다. 아무리 옷과 액세서리를 명품으로 휘감았어도 거칠고 옹이 진 손을 보면 과거사가 평탄치만은 않았을 것이라 짐작할 수 있다. 짧고 단정한 손톱을 한 사람을 보면 단호하면서도 강박적인 성격이 엿보이고, 필요 이상의 치장을 한 모습으로 직업정신을 가늠해 보게 된다. 위에 예시로 든 캐디처럼 말이다.

 그날의 라운딩이 어땠냐고. 굳이 설명하지 않아도 짐작하리라 믿는다.

어떤 고통도 일방적인 것은 없다

"대표로서 건축주를 잘못 선택해 직원들이 힘들어지게 만들었잖아. 그건 무책임한 거야."

누군가가 던진 따끔한 조언에 나는 번쩍 정신이 들었다. 당시 나는 무개념 건축주와 송사에 휘말려 한창 힘들어하던 중이었다. 공사는 다 진행했는데 대금은 거의 지급받지 못한 상황이라 손해가 막심했다. 일은 일대로 하고 소송까지 당하니 억울해서 잠도 오지 않을 지경이었다. 어째서 나에게 이런 일이 생겼을까. 하필이면 그런 나쁜 사람을 만나서 이렇게 힘들어졌구나. 혼자서 이 일을 다 감당해야 하다니 대표라는 자리는 정말 외롭고 무서운 곳이구나. 이런 생각으로 매일 전전긍긍하던 내게 누군가가 해준 조언이었다.

나는 내가 억울하다는 생각만 했지, 그런 나로 인해서 죄 없는 직원들과 협력업체들이 힘들어졌다는 생각까지는 하지 못했다. 하지만 그 말이 맞았다. 그런 건축주를 만나 일하겠다는 선택과 결정을 내린 것은 바로 나였고, 그것은 분명 나의 책임이었다. 그러니 100퍼센트 억울하다는 입장만 고수하는 것은 분명히 잘못된 것이었다.

개인이 아닌 회사의 대표로서 나의 마음가짐을 다시 한번 재정비한 계기라고 할까. 그 경험 이후로 나는 어떤 일이 닥쳐도 일방적으로 나만 억울하고 힘들다는 생각은 하지 않게 되었다.

공간을 푸는 것은
어려운 수학 문제를 푸는 것과 같다.

by지연

나에게 일이란

 세상의 어떤 일도 사명감이 없이는 잘 해낼 수 없다. 그 일을 잘 해냈을 때 자긍심은 포상처럼 덤으로 따라오기 마련이다. 일을 돈벌이로만 보게 되면 이러한 사명감과 자긍심은 더 멀리 달아난다.

모든 일에는 양면이 있다

사람을 좋아하는 '나'는, 그가 나를 좋아하고 또 내가 도움이 될 수 있다고 생각되면 간이고 쓸개고 다 퍼준다. 그렇게 대가 없는 호의가 배신으로 되돌아올 때도 있다. 과거의 내가 원망스러웠지만 나는 얼른 다시 마음을 다잡았다. 그래, 이제라도 깨달았으니 된 것이다.

졸업 후, 그를 만났을 때 나는 어떻게든 그를 도와주고 싶었다. 자리를 잡지 못해 전전긍긍하는 그를 위해 사무실 한편에 기꺼이 자리를 내주고, 일을 나눠주었다. 그만큼 친구가 잘되길 바랐다. 이제 막 자리를 잡아가는 친구이니 아무런 대가도 바라지 않기로 했다.

하지만 직원들 입장은 달랐던 모양이다. 회사 비품이나 물건을 마음대로 쓰고 제대로 치우지도 않는 걸로도 모자라 직원들을 마치 자기 직원처럼 부리는 걸 보고 점차 볼멘소리가 터져 나왔다. 결국 서로에 대한 불만이 점점 커지고, 그는 사무실을 나가겠다고 했다. 사실 내가 그에게 정이 떨어진 건 정리하고 나간 자리에 '남은 컵 하나' 때문이었다. 본인 컵을 남이 쓰는 게 싫어 서랍에 감춰두고 쓴 것을 보니 나를, 그리고 내 회사와 직원을 어떻게 생각했는지 알 수 있었다.

 얼마 후 현장소장이 말도 없이 출근하지 않고 잠수를 탔고, 업무에 차질이 생긴 건 당연했다. 그는 나와 오래 함께한 현장소장과, 나의 포트폴리오를 마치 자기 것처럼 일을 수주한 것이다. 진행하던 현장은 새로운 소장을 구하느라 공사가 4개월이나 중지됐고 손해는 이루 말할 수가 없었다. 기가 막혀서 화도 나지 않았다. 도리어 사람 볼 줄 모르는 나 자신에게 화가 났다. 좋아했던 오랜 친구, 믿었던 동료에게서 동시에 뒤통수를 맞다니.

오랜만에 만난 그의 눈빛 속에서 나는 문득 깨달았다. 아, 믿었던 사람들에게 뒤통수를 맞고 배신감에 부들부들 떠는 나의 모습을 보고 싶었구나. 이 모든 배은망덕한 짓거리는 결국 지독한 열등감 혹은 글로는 표현하지 못할 '악'의 발로였던 거구나.

 그제야 나는 그가 어리석고 안쓰럽게 느껴졌다. 자리를 뜨기 전 나는 오랜 우정의 마침표로 마지막 선물을 주기로 했다.

 "난 그냥 네가 잘되기를 바라. 내가 마지막으로 하나만 얘기할게. 그 소장에 대해 뭔가 착각하고 있는 것 같아서. 같이 일하면서 분명 돈 문제도 겪을 거고, 마감에도 트러블 많을 거야.

힘내."

"뭐? 그 애길 왜 지금 해주는 거야?"

 내가 그동안 소장에 대해 좋은 말만 해줬기에 그는 소장이 회사에 돈을 벌어다 주는 복덩이라고 생각했던 모양이다. 난 그저 내 사람이라 생각하고 험담을 자제했을 뿐인데 말이다. 얼마 후 그들의 협잡은 결국 해체로 끝이 났다. 진짜 사람 볼 줄 모르는 건 내가 아닌 '남은 컵 하나' 같은 그였던 셈이다.

친구가 적어도 괜찮은 이유

 어릴 때도 사람을 좋아했다. 함께 시시콜콜한 이야기도 나누고 술 마시며 웃고 떠드는 시간 자체만으로도 즐거웠으니까. 하지만 나이가 들고 오래 일을 할수록 생각이 조금씩 달라졌다. 그러니까 친구도 친구 나름이라는 생각이다. 나에게 친구란 같은 생각과 의견을 나누며 서로에게 위로가 되는 존재다. 그런 친구를 만든다는 건 상당히 많은 노력이 필요하다. 문제는 이 바쁜 세상을 살아가면서 그런 노력을 지속적으로 기울인다는 게 절대 쉽지 않은 일이라는 것이다. 나는 노력했지만 결국 과감하게 포기했다. 그 덕분에 나는 친구가 별로 없다. 주변에 남은 친구는 나처럼 일에 대한 집착이 있거나 너무 멀리 살아서 자주 볼 수 없는 친구가 대부분이다. 그리고 내 친구 '나'를 찾았다.

우리는 과거를 바꿀 수 있는 힘을 가지고 있다

 최근에 책을 읽다가 백만 번 줄을 치고 싶은 문장을 만났다. 우리는 얼마든지 과거를 바꿀 수 있다는 것이다. 그 방법은 너무 쉬워서 헛웃음이 나올 정도였다. 바로 현재의 내 생각을 바꾸면 된다는 것.

 문득 최근에 아들과 나눈 대화가 떠올랐다.

 "엄마, 나는 엄마가 그때 나를 방치해줘서 고마워요."

 최근에 미국에 있는 아들과 통화하는데 이런 얘기를 하는 것이었다. 이게 무슨 소린가 싶었다. 지금은 미국으로 유학을 가 있는 아들이지만, 그런 아들과 사이가 좋아지고 대화가 늘어난 건 최근의 일이다. 아들이 학생이던 시절에는 너무 바빴고, 충분히 많은 시간을 보내지 못했으며 세심하게 신경을 써주지 못했기 때문이다. 흠잡을 데 없이 착실한 아들이지만, 그런 아들도 한때 방황했던 적이 있었다. 엄마가 자신을 방치한다는 느낌, 충분한 사랑을 받지 못한다는 느낌에 괴로웠다고 한다. 그런데 지금은 그게 오히려 고맙다고 했다. 사사건건 간섭 하지 않고, 스스로를 희생하지 않고, 과도한 애정을 쏟아부어 부담을 주지 않았던 게 자신이 자존감과 독립성을 키우는 데 도움이 됐다는 것이다. 노력한 만큼 성취를 이루고, 원하는 공부를 하고 있는 아들과, 오롯한 커리어를 지켜나간 엄마인 내가 동등한 입장에서 다양한 대화를 나눌 수 있는 현재가 있기에 '아팠던 과거도 이렇게 정리가 된 것이겠구나.' 싶었다.

나 또한 마찬가지다.

현재를 잘 살려고 노력한다. 과거의 힘든 시절, 괴로웠던 기억이 오늘날의 나를 완성하기 위한 초석이 될 것이란 걸 잘 알고 있기에. 과거가 아름답게 변화한다. 이 책을 쓰는 이유이기도 하다.

시간 부자가 되었다

 나는 평생 독서와 거리가 먼 삶을 살았다. 글에서 얻는 지혜보다는 직접 행동하고 부딪치며 배우고 얻는 지혜가 나를 키운다고 믿었던 시절이 있었다. 그랬던 내가 요즘 매일 잠들기 전 책을 읽기 시작했다. 그냥 읽는 게 아니라 줄을 치고, 바인더를 붙여가며 공부하듯이 책을 읽는다. 예전의 나를 아는 사람들은 이런 나를 보고 상당히 낯설어한다. 도대체 무엇을 계기로 사람이 이렇게 변할 수 있는지 궁금해한다.

 최근에 책을 읽기 시작한 이유는 매우 단순하다. 시간이 남아돌아서다. 사실, 최근 들어 일이 많이 줄었다. 어려운 시장 상황 탓만은 아니고, 반쯤은 내 탓이다. 자발적으로 일을 많이 정리했다. 그 좋아하던 일을 자발적으로 정리한 이유는 건강 관리 때문이다. 오십 줄에 들면서 많이 아팠다. 그 누구보다도 외향적인 삶을 살았던 나였다. 잠을 줄여가면서 야근을 한 뒤에도 친구들을 만나 새벽까지 술을 마셨다. 그리고 또 출근해 미팅하고, 야근하고의 연속이었다. 자의 반, 타의 반으로 술을 끊으면서 동시에 인간관계도 정리했다.

어쩌다 보니 나는 내 삶을 비우는 작업을 시작한 셈이었다. 일을 덜어내고, 술을 덜어내고, 친구를 덜어냈다. 그러고 나니 내게 남은 건 시간이었다. 틈틈이 골프도 치고, 드럼도 배우고 하지만 그래도 퇴근하고 집에 오면 시간이 남았다.

그즈음 대학에 간 아들과 대화하는 시간이 자연스레 늘기 시작했다. 아들이 어릴 땐 너무 바빠서 대화는커녕 밥도 챙겨 주지 못했는데, 이제는 제법 동등한 대화상대가 되었다. 책을 너무나 좋아하는 아들은 최근에 자신이 읽은 책을 대화 소재로 삼아 얘기 나누길 즐긴다. 아들과의 대화에서 너무 뒤떨어진 사람이 되고 싶지 않아서 나도 독서를 시작하게 된 셈이다. 많은 것이 비워진 자리에 다시 많은 것들이 채워졌다. 몸을 해치는 술과 애정 없는 사람들과의 공허한 수다가 사라진 자리에 독서와 사색과 아들과의 대화가 들어왔다.

나는 사랑하는 사람에게 더 오래 시간 쓰는 법을 배워가고 있다.

자식을 잘 키운다는 건

 남들은 모두 나더러 자식을 잘 키웠다고 한다. 동의한다. 그러나 내가 생각할 때 자식을 잘 키운다는 것의 진정한 의미는 자녀가 성인이 되었을 때도 기꺼운 마음으로 안부를 물을 수 있을 정도로 관계가 좋은 것을 의미한다. 더 단순하게 얘기하면 나쁜 관계가 되지 않은 것만으로도 성공한 자녀 양육이라고 생각한다.

 그런 의미에서 나는 지금도 기숙사형 고등학교에 아들을 보낸 것을 아주 잘한 결정이라고 생각하고 있다. 만약 아들 공부에 진심을 다해 관여했다간 부딪혀도 크게 부딪혔을 거라는 걸 그때도 잘 알고 있었던 것 같다. 한때는 스스로를 탓하기도 했었다. 일을 핑계로 하나뿐인 아들을 너무 방치한 게 아닐까. 주변 엄마들이 자녀들의 진학 문제에 얼마나 진심으로 생각하고 본인의 삶을 희생하는지 나도 모르지 않았기에 더더욱 그랬다. 하지만 그 과정에서 서로에게 상처를 주고받고, 서로를 깎아가는 부모자식지간도 있었다. 당장의 성적보다 훨씬 더 소중한 것이 파괴되는 줄도 모르고 말이다.

모든 인연이 소중한 것이 아니다

 많은 현인들이 인연의 소중함을 설파하곤 한다. 하지만 난 인간관계라는 게 억지로 되는 게 아니라고 생각한다. 인연을 맺어서 좋은 관계는 정말 흔치 않은 것 같다.

 사무실에 자주 놀러 오는 친구가 있었다. 분명 날 보고 싶어서 찾아오는 것일 텐데, 어느 순간부터인가 이상하게도 공격받는 느낌이 들었다. 아주 사소한 것까지 자꾸 자기와 나를 견주려고 하고 경쟁하려고 하는 모습이라고 할까.

 "이 옷 입었는데 어때?" "내가 너보다 날씬해 보이지?"

 공격과 경쟁, 어느 순간 그게 불편하고 힘들어졌다.

 나이가 들면서 나는 거리를 두는 게 타인의 공격으로부터 상처받지 않고 나를 있는 그대로 유지하게 해주는 수단이 되는구나, 점차 깨달아갔다.

 생각해보면 당연한 거다. 우리는 모두 다르게 생겼으니까. 둥그런 모양으로 생긴 사람도 있는 반면 세모난 사람, 직사각형으로 생긴 사람, 사방이 뾰족뾰족 모난 사람도 있다. 마치 퍼즐처럼 서로의 모자란 부분을 빈틈없이 채워줄 수 있는 모양의 사람도 있지만 그건 소울메이트에 가깝다. 평생 한 번 만날까 말까 한 존재라는 뜻이다. 모양이 딱 맞지 않으니 가까이 붙으려고 하면 할수록 타인의 튀어나온 부분이 나를 찌를 수밖에 없다. 나의 모난 부분도 마찬가지다. 누군가에게 상처를 주었을 것이다. 서로가 상처받지 않는 거리를 유지하면서 서로의 다른 모양을 관찰할 수 있는 정도면 그게 가장 좋은 거리 아닐까. 인간은 어차피 완전히 동떨어져서는 살 수 없는 존재다. 나와는 완전히 다르게 생긴 사람들을 보며 자극도 받고, 영향을 받으며 온전한 자기 모양을 찾아가야 한다.

사실, 어렸을 때는 아프고 상처 입어도 그냥 견뎠던 것 같다. 왜냐면 사람이 너무 좋고, 젊고 건강해서 견딜 만했으니까. 내가 '거리 두기'를 시작한 이유는 아마 오십이 되고 몸이 아프기 시작하면서부터일 것이다. '내가 굳이 이걸 왜 견뎌야 하나.' 하는 생각이 드는 것이다.

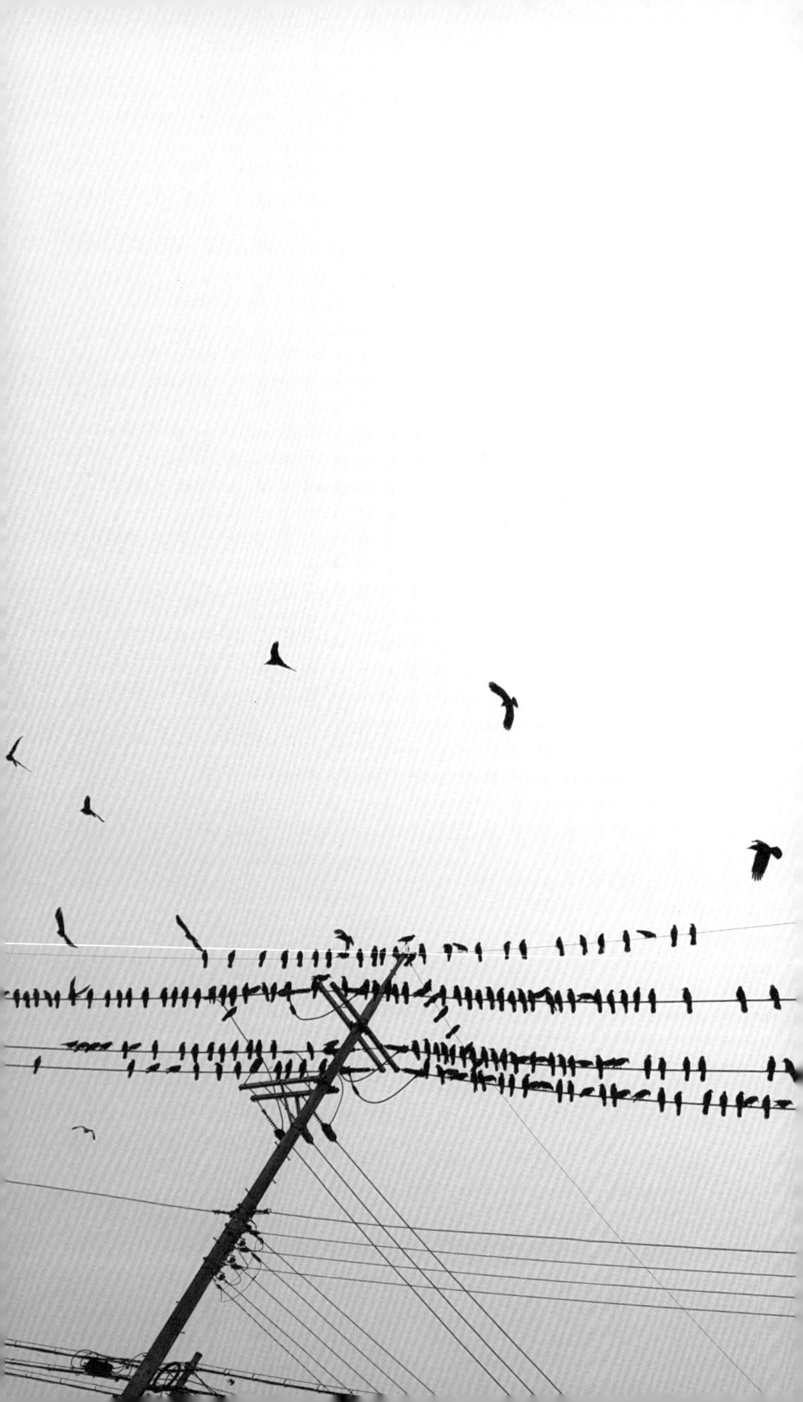

현재를 잘 살려고 노력한다. 과거의 힘든 시절,
괴로웠던 기억이 오늘날의 나를 완성하기 위한
초석이 될 것이란 걸 잘 알고 있기에.
by지연

3부

집이라는 이름의
우주를 짓다

나는 우리가 기특하다.
뭔가를 잘 해내고 성취를 이뤄서 기특한 게 아니다.
단지 살아남았다는 이유만으로도
나는 내가 기특하고 자랑스럽다.

small talk

NAM
언니는 우주가 한자로 집 우(宇), 집 주(宙) 자를 쓴다는 것 알았어? 나는 최근에야 알았잖아. 우주는 결국 집이라는 뜻이래. 그러니까 우리는 우주를 만든다는 사명감과 자부심을 가지고 살아도 되는 거지.

KIM
난 알고 있었어. 설계하는 사람뿐만 아니라 타일공, 미장공도 마찬가지고. 우주는 여러 사람의 의지와 필요와 감성과 돈으로 완성되는 거니까. 그래서 더 멋진 일인 것 같아.

NAM
너무 거창하게 의미 부여를 하나 싶기도 하지만, 자기 일에 이 정도 자부심을 가지는 게 뭐 어때서. 그런 생각도 들어. 그만큼 최선을 다해 일해왔으니까. 지난 삼사십 대 생각하면 마치 전투라도 치른 것 같은 기분이 들거든.

KIM
맞아. 별별 일이 다 있었지. 밤새워 일하고, 모진 소리 듣고, 이런 것뿐만이 아니라 여자가 일하면서 큰 빚을 지고, 송사에 시달리고 하는 경험이 흔한 건 아니잖아. 어떻게 다 견뎌왔나 싶어.

NAM
실패하지 않는 인생처럼 연약하고 불안한 것도 없어. 물론 그 땐 몰랐지. 다 겪어봐야 알게 되는 것들이 있어. 그 시기를 겪고 있는 후배들에게 미리 말할 필요도 없다니까.

KIM
물속에서 허우적거리는 사람에게 밖에서 아무리 헤엄쳐나오는 방법을 설명한들 그 말이 들리겠어.

맞아. 차라리 들어가서 같이 물살을 헤치고 나오는 거면 모를까. 그래서 이 책을 언니와 함께 쓰기로 한 건 참 잘한 일 같아.

나도 마찬가지야. 원고를 다시 보니 내가 왜 남지연한테 끌렸는지 알겠더라. 우린 다르지만 참 많이 닮았잖아. 치열하게 전투를 치르듯이 살아남은 것까지도.

그때는 돈을 많이 벌고 싶어서, 혹은 성공하고 싶어서 쉬지 않고 전투를 치러왔다고 생각했거든. 아직 우리 삶은 현재진행형이니까 전투에서 이긴 건지 진 건지는 모르겠어. 그냥 '나 아직은 죽지 않았어.' 이 단계인 거지. 우리 같은 사람들은 "진격 앞으로!"를 외치는 장군도 아니고, 일개 병사일 뿐이잖아. 이기든 지든 누가 알아주겠어.

내가 알아줄게.

그래, 우리끼리 알아주면 되지, 뭐. 하하.

담배는 피우지만 중독은 아니다

김은경 이야기

 급성 충수염으로 응급차를 타고 병원에 실려 간 적이 있다. CT 사진을 찍은 의사는 의아한 듯이 내게 물었다.

 "이렇게 될 때까지 안 아프셨어요?"

 한창 엄중했던 코로나 시국이라 코로나 검사를 받고 바로 입원 절차를 밟아야 했다. 그러나 검사 결과를 기다리는 두 시간 동안, 내 머릿속을 가득 채운 걱정은 단 하나였다. '담배 못 피우면 어떡하지?'

 나는 애연가다. 언제부터, 어떤 계기로 담배를 피우기 시작했는지 잘 기억도 나지 않는다. 스스로 골초라고 생각하진 않지만, 담배를 피울 수 없는 상황에서는 약간의 짜증과 조급함을 느끼는 편이었다. 3일이나 입원을 해야 하는데 담배를 피울 수 없다고 생각하니, 충수염보다도 강제 금연이 더 괴롭게 느껴졌다.

 결과적으로 급성 충수염 수술은 성공적으로 진행됐고, 3일 동안 담배를 피우지 못했다. 신기한 건 아무렇지 않았다는 것이다. 맨날 피우던 담배를 못 피우면 무슨 일이 일어날 것만 같았다. 결과적으로 아무 일도 일어나지 않았다. 난 그때 큰 깨달음을 얻었다. 우리가 살면서 '난 이거 없으면 못 살아.' '이거 아니면 안 돼.' 하는 것들이 있다. 하지만 세상에 그런 건 없다는 것. 아무리 없으면 죽을 것 같아도, 그건 그냥 착각이거나 일시의 기분일 뿐, 아무 일도 일어나지 않는다는 것. 그런 기분 때문에 그 대상에 더 집착하게 되는 것일지도 모른다는 것이다.

이 일을 계기로 나의 흡연 횟수는 크게 줄었다. 별로 안 피우고 싶은데, 회의 들어가면 못 피울까 봐 미리 피우는 일은 없다. 담배를 피울 여건이 안 되면 하루 종일 담배에 손도 안 대는 날도 허다하다. 그래도 나는 여전히 애연가다.

불광천을 걸으며

 어느 날 아침, 사무실에 출근하니 창밖으로 윙윙 기계 도는 소리가 한창이다. 사무실 앞 불광천 주변의 풀 베는 소리다. 나도 모르게 싱긋 웃으며 중얼거린다. "온 세상에 풀 향기가 가득해지겠네."
 서울 은평구 응암동에 작은 사무실을 내고 둥지를 튼 지, 벌써 십오 년이다. 내가 이곳에 자리를 잡은 것은 전적으로 불광천 때문이다. 사무실 창밖으로 보이는 풍경도 좋았고, 틈날 때마다 산책을 할 수 있어 좋았다. 물론 처음 왔을 땐 워낙 운동 부족이어서 오래 걷지도 못했다. 걷다가 잠시 한눈만 팔아도 발을 헛디뎌 넘어지기 일쑤였고, 1킬로미터도 채 걷지 못했다. 하지만 얼마 지나지 않아 한 시간 정도, 그러니까 4킬로미터 정도는 어려움 없이 걸을 수 있게 됐다. 체력이 붙은 것이다. 고민이 있을 때나 머릿속이 복잡할 때는 그 이상도 걷는다. 머릿속이 비워질 때까지 하염없이 걷다 보면 어느새 허벅지와 발바닥이 뻐근해져 온다. 그러면 반대편으로 건너가서 돌아오면 된다. 돌아오는 동안 문제가 해결되진 않지만, 어지러웠던 마음은 한결 정돈이 된다.

고민해서 문제가 해결되는 일은 극히 적다고 생각한다. 다만 복잡한 마음의 파장이 잔잔해질 때까지 기다리는 것이다. 졸졸 흐르는 하천을 따라 내내 걷는 것이다. 딱 그만큼의 속도로 시간이 흐르면, 어느새 내가 처했던 어려움과 고민을 객관적으로 볼 줄 아는 눈이 생긴다. 그게 인생이라는 것을 이제는 안다.

야근이 잦은 편이다. 자정이 가까워 오는 시간, 일에 집중할 라치면 밖에서 항상 들려오는 소리가 있다. 대부분 싸우는 소리다. 연인들끼리의 사랑 다툼, 혹은 누군가와 전화 통화로 다투는 격앙된 목소리, 하소연하고 울고불고, 하루도 안 들리는 날이 없다. 도대체 뭐가 그리 절박할까 싶다. 처음엔 너무 시끄럽고, 일에 방해가 된다고 여겼는데 지금은 그마저도 익숙해졌는지 아무렇지도 않다. 풀 베는 소리를 듣는 것처럼, '오늘도 싸우네.' 하고 말 뿐이다. 오늘도 불광천에 사람들이 분노와 슬픔, 서운함과 간절함을 실어 보내는구나 할 뿐이다.

사랑하는 일을 계속하다 보면

 평소에 TV를 잘 보지 않는데, 가끔 무심코 튼 채널에서 나온 말이 내 가슴에 콕 박힐 때가 있다.
 "사랑하는 일을 계속하다 보면 내가 살아남을 수 있겠구나 하는 생각이 들어요."
 SBS 예능 '선미네 비디오가게'에서 MC인 선미가 개그우먼 박미선에게 하는 얘기다. 1988년 연예계에 데뷔해 임신 출산으로 인한 2개월 공백을 제외하고는 쉬지 않고 삼십오 년간이나 활동해온 비결을 그렇게 평가한 것이다.
 요즘 어린 친구들의 화두는 '어떻게 버틸 것인가.'에 있다고 한다. 큰 꿈을 꾸는 것은 언감생심, 그저 생존하는 것만으로도 버거운 세상이다. 동의한다. 아무리 시대가 다르다 해도, 나 또한 그랬으니까. 버티는 것만으로도 최선인 삶. 하지만 거기에 '사랑'을 곁들이면 상황은 180도 달라진다. 나는 선미의 말을 이렇게 바꾸고 싶다.
 '사랑하는 일을 계속하다 보면, 난 내가 되어있겠구나.'

박미선은 '젖은 낙엽' 정신으로 그저 어디든 붙어살아야겠다는 생각밖에 없었다고 하지만, 스스로도 알고 있었을 것이다. 자신이 진정으로 사랑하는 일, 잘할 수 있는 일은 이것밖에 없다는 것을. 그녀의 말마따나 '오래 할 수 있는 사람이 더 강한 사람'이라는 것을. 결국 박미선은 오십 대가 훌쩍 넘은 나이에도 현역으로 활발하게 활동하며 여전히 자신만의 존재감을 빛내고 있다. 나는 그것이 어느 방송사에서 주는 예능대상보다 더 큰 포상이라고 생각한다.

 오십 대를 지나, 육십 대에도, 칠십 대에도 나는 내가 사랑하는 일을 멈추지 않을 것이다. 그렇게 오롯한 나 자신으로 살아갈 것이다.

오십 대가 되면 여유로울 줄 알았지만

 일하고, 일하고 일한다. 사십 대 때보다는 일이 좀 줄었나 싶기도 하지만 예전만큼의 총기가 없어서 일하는 시간은 더 늘어난 것 같기도 하다. 하지만 계속 적고, 지워가며 일한다. 시간 단위로 계획을 세워가며 체크해나간다. 하루의 마무리는 독서. 스마트폰을 열어 이북을 보며 하루를 정리하고 잠이 든다. 아무리 일이 늦게 끝나도, 심지어 술에 취해 집에 들어가는 날에도 하루 마무리는 똑같다. 책을 읽으며 하루 동안 일었던 폭풍 같은 감정의 진폭을 잠잠하게 한 후 잠든다.

 나이가 들수록 눈이 침침해져 언젠가 나에게 책을 읽지 못하는 상황이 오면 어쩌나 싶어 두렵다. 요즘엔 눈을 보호하기 위해 평소에 걸을 땐 멀리 보려고 노력한다.

때로 흰머리는 힘이 된다

나이가 드니 자연스럽게 흰머리가 늘었다. 염색은 하지 않는다. 워낙 외모에 신경을 쓰지 않는 터라 게으름의 일환일지도 모르겠다. 하지만 어느덧 흰머리가 나의 힘이 되었음을 알게 되었다. 체구도 작고 동안이었던지라 이삼십 대 때는 어려 보인다고 무시를 많이 받곤 했다. 왜 사람들은 어려 보이고 약해 보이면 대놓고 무시하는 걸까. 실제로 그 사람이 어리지 않을 수도 있고, 생각보다 강하고 능력이 있을 수 있다는 가능성을 조금도 염두에 두지 않는 것 같다. 하지만 시간의 축적에 따라 나에게도 연륜이 쌓였다. 그것이 사람들에게는 흰머리로 드러난다. 흰머리로 커버할 수 없는 더 많은 것들이 내 안에 있지만, 그걸 다 알아봐 주길 바라는 것은 욕심일 테다. 그저 감사할 따름이다. 나의 흰머리에.

그래서 나는 염색하지 않는다.

태양을 바닷물에 절여서
와인을 만든 어부 이야기를 기억한다.
나는 하얀 낮과 검은 밤을 절여서
집을 만드는 건축쟁이다.

by 은경

돈이란 무엇일까

 지그문트 바우만은 '나는 소비한다. 그로 나는 존재한다.'라고 했다. 문맥의 전후에는 여러 가지 의미가 있겠지만, 나는 이 말에 동의할 수밖에 없었다. 인간에게는 세상 만물이 소비의 대상이다. 현대로 올수록 그런 경향은 더 강해지는 것 같다.

 나는 소비성향이 거의 없고 소유욕도 적은 편이다. 그렇지만 돈에 대한 욕심이 없다면 거짓말일 것이다. 어느 정도의 돈은 지금 하고 싶은 일을 지금 할 수 있는 유일한 수단이다. 때로는 애정을 표현하고 마음을 전달하는 일에서조차도 돈은 필요하다. 사랑하는 누군가에게 무언가를 꼭 주고 싶을 때 내가 가진 것이 없으면 그것만큼 슬픈 일도 없다.

가능하면 멀리 보려고 애쓴다

 요즘 따라 눈이 침침해지고, 안구건조가 심해지는 느낌이다. 나만 그런 건 아닐 테다. 책상 앞에서 일하는 사무직들, 책이나 휴대폰을 코앞에 붙이고 사는 현대인들의 숙명이다. 오감 중에 가장 많이 혹사당하는 것이 바로 시각 아닐까. 현대인들의 눈은 너무 가까운 것만 골몰해서 보는 나머지, 더 멀리, 더 많은 걸 볼 수 있는 능력이 점점 퇴화되어가고 있다고 한다. 사실 도시에서 살다 보면, 먼 곳을 볼 일이 잘 없기는 하다. 그럴수록 나의 세계가 점점 축소되는 것이 아닐까 싶어 서늘한 마음이 들 때도 있다.

 나이가 들수록 여러 신체 기능이 떨어지기 마련이고 어느 정도는 받아들이려 하고 있지만 시력이 떨어진다는 건 생각만 해도 끔찍하다. 내가 좋아하는 책을 볼 수 없고, 사랑하는 사람의 얼굴을 구분할 수 없다면 삶의 기쁨이 절반 이하로 줄어들 테니. 그래서 나는 평소에 일부러라도 멀리 보려고 애쓴다. 도시에 사는 사람으로서 볼 수 있는 가장 먼 곳은 역시 하늘뿐이다. 고개를 처박고 일하다가도 정신이 들면 허리를 펴고

목에 빳빳이 힘을 주고 창밖 저 멀리 한 뼘 하늘을 본다. 우주의 푸른색이 나의 망막에 다가와 맺힌다.

지난날은 있는 그대로 아름답다

"어제 무슨 일 있었다며, 왜 말하지 않았어?"

지인 하나가 어디서 얘기를 듣고 왔는지 의아하다는 듯 나에게 물었다. 누가 들어도 화가 나고 속상할 만한 일인데, 굳이 들춰내서 먼저 얘길 꺼내지 않는 걸 보고 이상하게 생각하는 사람들이 있다. 실은 상처받았는데 숨기려는 건지, 정말 아무렇지 않은 건지 궁금한 게다.

나도 사람이므로 당연히 상처받는다. 겉모습만 보고 업신여기는 사람들, 사람 대 사람으로서 절대 해서는 안 될 무례한 말을 일삼는 사람들, 일부러 나의 화를 살살 돋우려는 사람들……. 일을 하면서 별별 사람을 다 만나게 된다. 그 앞에서 꾹 참고 넘기는 경우도 있지만 나도 같이 화가 나 노여움을 감추지 못할 때도 있다. 내 생각엔 그 순간에 어떻게 대처하느냐보다 중요한 것이 그 이후에 어떻게 그 일을 받아들이느냐인 것 같다. 억울한 일을 당했을 때 보통 사람들은 다른 사람에게 하소연을 하거나 답답한 심정을 토로하고 위로받기를 원한다. 혹은 내 편을 들어주기를 바라거나 해결책을 제시해주었으면

하고 남에게 은근한 기대를 할 때도 있다. 하지만 부정적인 기운과 기분을 타인에게 전파하는 건 잠시 해소는 될지 몰라도 결과적으로 봤을 때 문제 해결도 안 될뿐더러 별로 긍정적인 효과를 얻기 힘들다.

나는 그보다 더 효과적인 방법이 있다고 믿는 편이다. 스스로 상처 입었다고 생각될 때 나는 나 자신에게 집중한다. 더 정확하게 표현하면 나와의 대화를 시작한다. 왜 화가 났지? 어떤 포인트 때문에? 아, 내가 필요 이상으로 노여워했구나. 다음엔 그러지 말아야지. 잘 안 되면 다시 마음을 다잡고 이번에도 잘 안 됐구나. 왜일까. 그런 식으로 깊게 파고들어 가는 치열한 대화를 나눈다. 그런 대화 끝에 해결책이 떠오를 때도 있고 아닐 때도 있지만 내가 그러는 이유는 나는 내가 변화한다고 믿기 때문이다. 다른 말로 표현하면, 나는 나를 변화시킬 수 있지만 남을 변화시킬 수 없다고 생각한다. 그 사람의 무례한 발언은 내가 어찌할 수 없는 부분이지만 적어도 나의 생각이나 태도는 얼마든지 변할 수 있지 않은가.

나는 단단하고 가득 찬 사람이 되고 싶다. 단단하다는 건 힘세고 강하다는 의미가 아니라, 쉽게 부서지거나 물러지지 않고 남들이 편히 기댈 수 있는 옹골찬 느낌에 더 가깝다. 나는 오늘도 어떻게 하면 더 단단해질 수 있을까 고민하고 있다.

돈의 마법

나는 부자가 아니다. 딱히 부자가 되고 싶은 마음도 없고 돈을 좋아한다고 생각하지도 않는다. 하지만 난 돈의 마법을 믿는다. 이건 사는 동안 스스로 터득한 생의 비밀 같은 것이다.

쌍둥이 딸 둘을 모두 대학에 보낸 어느 날 문득 이상하다는 생각이 들었다. 아이들이 대학에 가느라 쓴 돈을 가늠해 봤는데, 아무리 생각해 봐도 나는 그렇게 돈을 번 적이 없었다. 돈은 숫자고, 수입과 지출이 어느 정도 맞아떨어져야 하는데 전혀 수지가 맞지 않았다.

학원비, 과외비, 독서실비, 교재비를 2인분씩 마련하려면 월 1,000만 원은 우습게 들어갔다. 수험시기를 대비해 미리 저축해놓은 돈도 없었다. 하지만 우리 부부는 힘들어하면서도 어떻게든 그 시기의 그 어마어마한 지출을 모두 감당했다. 아이들이 모두 대학에 간 후에는 반년에 한 번 들어가는 등록금을 제외하고는 지출이 확 줄어 숨통이 트였다. 그제야 그때 어떻게 버텼는지가 불가사의하게 느껴진 것이다.

물론 지출에 비해 수입이 좋아서 돈이 좀 모일 때도 있었다.

그럴 때 참 귀신같이 돈 들어갈 데가 생기곤 한다. 형제에게 무슨 일이 생긴다든가, 가족 중 누군가가 아프다든가, 유독 병원 갈 일이 많아진다든가. 차라리 내가 쓰고 말지, 안 쓰고 모아두면 어떻게 사라졌는지 모르게 돈은 유야무야 없어지고 말았다. 그때부터 나는 '돈의 신묘한 힘'에 대해 믿게 되었다. 돈 나갈 일이 생기면 슬그머니 마법의 힘에 기대곤 한다.

그걸 알게 되면 좋은 게 뭐냐면, 돈에 아등바등하지 않게 된다는 점이다. 내가 필요로 하는 만큼은 어떻게든 돈이 될 거라는 굳은 믿음만 있으면 말이다. 아, '사람은 제 밥그릇 가지고 태어난다.'라는 옛말이 그래서 나온 거구나.

마음과 욕심을 고운체로 걸러서

 나는 대단한 성취를 이룬 사람이 아니라 그럴싸한 성공 비법 같은 걸 후배들에게 얘기해주진 못한다. 하지만 이제 막 일을 시작한 사람들에게 이것 하나는 분명히 얘기할 수 있다. 뭐라고 딱 설명할 순 없지만 뭔가 걸리는 게 느껴진다면 그 감을 절대 무시하지 말라고. 수많은 경험으로 얻게 된 진리다. 걸리는 걸 무시하고 밀어붙였을 때 그 일이 잘된 적이 없다.

 사실, 젊었을 때는 마음이 더 크니까 그게 잘 안 보인다. 욕심은 많고 욕망이 크면 그냥 다 하고 싶은 거다. 젊은 날에 흑역사가 생성되는 이유다. 점점 나이가 들수록 쓸데없는 에너지 소비를 줄이고 정말 하고 싶은 일을 골라 하고 싶어진다. 어느덧 알아보게 된다. 내가 진짜 하고 싶은 일에 대하여. 어떤 일을 하려고 할 때 앞에 말한 것처럼 뭔가 걸리는 느낌이 들면 그 일은 하지 않는다. 뭔가 걸리는 사람을 만나면 아무리 대단해 보이는 사람이라도 거리를 둔다. 한마디로 잘 거르게 된 것이다.

 누구나 마음속에 체 하나를 품고 산다. 진정한 자기

정체성을 지켜나가기 위한 체다. 어릴 땐 굵은 체라 별 기능을 못하지만, 지금은 고운체라 더 촘촘하게 걸러서 순수하게 나의 색깔을 지켜나갈 수 있게 되었다고 할까.

사람과 사람 사이의 거리

아는 건축사에게서 전화가 왔다. 평소 자주 통화를 나눌 정도의 사이가 아니라서 그의 이름을 봤을 때 무슨 중요한 용건이 있구나 싶었다.

"김건. 잘 지내요? 오늘 ○○○ 소장님 아드님 결혼식장에 김건도 오지?"

"네? 정말요?"

○○○ 소장님은 내가 어렸을 때부터 아저씨라 부르며 따랐던 절친한 관계였다. 이런 중요한 대소사 자리에 왜 날 안 불렀지? 의아한 한편 섭섭함을 감출 수 없었다. 실수로 연락을 빠뜨린 게 아니라는 걸 알기까지는 그리 오래 걸리지 않았다. 애초에 그의 초대 리스트에는 내가 없었다. 어떤 이유에서든 내게 '그만의 거리 두기'를 하는 게 분명했다.

생각해 보면 나라고 다르지 않다. 필요에 따라, 감정에 따라 사람들과 거리 두기를 한다. 인간관계에서 어느 정도는 그런 거리 두기가 필요하다고 생각하는 편이다. 문제는 이번처럼 내가 엄청 좋아하는 분이 나와 거리를 두고 싶어할 때이다. 결론은 뭐 분명하다. 받아들여야지. '그만의 거리 두기'에 예의를 갖추기로.

자기 자신을 사랑하는 것도 재능

 자기 자신을 사랑해야 한다고 쉽게 말하지만, 난 그게 세상에서 가장 어려운 일인 것 같다. 어찌 보면 재능의 영역일 수도 있겠다는 생각이 든다. 별다른 노력을 하지 않아도 자기애가 뛰어난 사람이 있는 걸 보면 말이다. 하지만 나를 포함해 대다수의 평범한 사람에게 '나 자신을 사랑하는 일'은 절대 자연스럽게 일어나는 일이 아니다. 나라는 사람이 사랑스러워서 사랑하는 게 아니라 일종의 다짐에 가깝다. 그 다짐을 계속하거나 끊임없이 의지를 가지고 노력하고, 수련하고, 배워야 하는 일이다. 경험을 통해서 배울 수도 있고, 사람을 통해서 배울 수도 있다. 학교에서 가르치는 국영수 과목처럼 '자신을 사랑하는 법'을 가르쳐주는 데가 있었으면 좋으련만.

 내가 스스로 터득한 방법이 있어 한번 정리해보려 한다. 나는 항상 '내가 좋아하는 것' 리스트를 만든다. 내가 진짜 좋아하는 것, 혹은 하고 싶은 것 열 가지를 적어보는 것이다. 잘 보이는 곳에 적어두고 자주 들여다본다. 그리고 하면 된다. 신기한 건 빠르든, 조금 늦든, 리스트에 적어둔 것들은 꼭 하게 된다는 것이다. 내가 경험자다. 그렇게 달성한 리스트는 지우고 빈자리에 또 새로운 항목을 적어넣는다. 나중에는 '내가 뭘 또 하고 싶지?' '내가 뭘 좋아하지?' 하면서 새로운 리스트를 수집하는 자신을 발견하게 될 것이다. 그러면서 자연스럽게 자신을 알아가게 된다. 자신을 알아야 비로소 자신을 사랑할 수 있다.

앞에 타고난 사람도 있다고 언급했지만, 그런 사람도 시련이 닥쳐봐야 진정으로 자기 자신을 사랑하는지 안다. 아직 자신의 바닥을 보지 못한 것일 수도 있기 때문이다. 내가 이렇게 거지 같고, 비굴하고, 비열한 사람이라는 걸 알게 되었는데도 똑같이 자기 자신을 사랑할 수 있어야 한다는 소리다. 우리는 차라리 타인에 대해서는 그렇게 사랑해주면서도(그래야 진정한 사랑이라고), 우리 스스로에게는 그러지 못한다. 비난하고, 책망하고, 심리적으로나 육체적으로 괴롭히기까지 한다. 어쩌다 이룬 성과는 그저 운일 뿐이라고 비하하고, 안 좋은 결과를 맞닥뜨리면 '그럴 줄 알았어. 내가 그렇지, 뭐.' 하고 쉽게 체념한다. 그렇게 삶을 망가뜨리는 것이다. 그렇다. 내 얘기다.

젊은 날, 스스로를 채찍질하며 수많은 자기 비하 속에 살았던 시절을 되돌아보면 '나는 그때 나를 망치고 있었구나.'라는 생각에 슬퍼진다. 내가 지금도 매일 리스트를 적고 있는 이유다. 나는 나를 사랑하고 싶다. '사랑도 하면 는다.'

아무것도 아니어도 괜찮아

 남들이 하지 않는 쓸데없는 공상을 즐겨 하는 편이다. 요즘 내가 하는 생각은 이런 거다. 만약 나이가 들고, 늙고, 병들고, 사랑하는 사람들이 모두 내 곁을 떠나고, 직업도 돈도 없고, 아무것도 아닌 존재가 되었을 때 그때도 난 나를 사랑할 수 있을까.

 지금이야 사지 멀쩡하고 나의 몫을 다하며 좋아하는 일을 찾아 하니 당연히 그런 나를 사랑하는 일이 어렵지 않지만, 언젠가는 모든 것을 잃을 날이 올 것이 아닌가. 몸 여기저기가 아프고, 원하는 곳에 갈 수도, 좋아하는 일을 마음껏 할 수도 없는, 아무것도 아닌 사람. 나는 그때가 올 것을 알고 있다. 그때가 오기 전에 죽어야지 그런 생각은 하지 않는다. 나는 생이 지속되는 한 최선을 다해 살아남을 것이고, 그때가 오더라도 괜찮을 수 있는 능력을 기르려고 한다. 그것을 '마음의 근력'이라 부르고 싶다.

 그때가 오더라도 나는 나를 사랑해줘야지. 누구에게도 사랑받지 못하는, 아무것도 아닌 존재가 된다고 해도 비참해하지 말자. 아무도 날 안 사랑해도, 나는 날 사랑하잖아. 결국 마지막 순간 내 옆엔 남는 건 나뿐이다.

오십 대를 계절에 비유하면 아직 여름

 유난히 맑은 하늘, 거기에 마치 누가 붓질을 한 것처럼 매일 다른 그림을 그리고 있는 구름들, 구름 사이로 내려오는 햇빛, 때가 되면 선물처럼 다가오는 계절들……. 이 아름다운 것들이, 내가 아무 노력 하지 않아도 그냥 주어지는 거라는 게 가끔은 믿기지 않을 정도로 감사하다. 춥고 길고 혹독한 겨울마저도 말이다.

 겨울은 한 해를 끝내고 또 다른 한 해를 시작하는 계절이다. 그만큼 중요한 계절이기에 정신 차리라고 이렇게 추운가 싶기도 하다. 여름은 한 해의 정중앙이라고 생각한다. 지도앱에서 음식점을 검색하면 시간대별 이용자 현황이 그래프로 나온다. 가장 높은 그래프를 자랑하는 피크시간이 보통 점심시간대인데, 일 년 중 여름이 바로 그 피크시간이 아닌가 싶다. 가장 뜨겁고, 바쁘고, 많은 활동을 하는 시기인 셈이다.

 그렇게 본다면 나의 오십 대는 아직 여름이다. 한창 바쁘고 뜨거우니 말이다. 곧 가을로 넘어가야 할 때가 오리라는 건 잘 알고 있지만, 난 모든 계절을 사랑하니 괜찮다.

겨울나무에게 배운다

지인의 농장에 놀러 간 적이 있다. 워낙 나무를 좋아하던 지인은 수천 평의 농장을 조성하고 수만 그루의 나무를 심어 농장을 만들었다. 평생의 꿈을 이룬 것이다. 우리가 방문한 때는 한창 칼바람이 불던 겨울이었다. 그의 안내에 따라 농장 구경을 하는데 희한한 광경을 보았다. 바닥에 잔가지가 너무나도 많이 떨어져 있었다. 일부만 그런 것이 아니라 수만 그루 전체가 다 그랬다.

"이 많은 나무를 다 전지한 거예요?"

내가 묻자, 지인이 웃으며 아니라고 말했다.

"나무가요. 참 신기해요. 자라다가 어느 순간에는 자기가 스스로 가지를 떨궈요. 더 크려고 그러는 거예요."

아. 그렇구나. 내 입에서 나도 모르게 작은 감탄사가 흘러나왔다. 인간보다 나무가 더 현명하구나. 겨울은 햇볕도, 영양소도 모자란 시기다. 이파리를 떨궈내는 것도 모자라 이 시기를 잘 버텨내고 다가올 봄엔 성큼 더 자라나기 위해 일부러 제 몸을 툭툭 떨궈내는 겨울나무. 툭, 조금만 더. 툭툭, 올라가자. 앙

상해 보였던 겨울나무들이 순간 강인하고 멋있어 보였다.
"우리도 배워야겠어요. 다 가지려 하지 말고, 비우고, 줄여야 더 올라가죠."
 내 말에 거기 모여있던 초로의 인간들은 잠시 생각에 잠긴 듯 말이 없었다.

고마우면 꼭 고맙다고 말로 하자

 좋은 맘으로 누군가에게 도움을 줬는데, 입 싹 닦고 아무런 내색이 없으면 조금은 속상하다. 아무런 보상을 바라지 않았다고 해도 사람 마음이 그렇다. 돈 드는 것도 아닌데 좀 고마워하면 어떤가. 그럼 신나서 더 좋은 일을 할 수도 있을 텐데.

 누가 나에게 아주 작은 호의라도 베푼다면, 나는 최선을 다해 고마워하겠다고 결심했다. 그게 작은 동기부여가 돼서 다른 사람에게 또 다른 선행을 베풀 수 있는 계기가 되고, 선순환이 되리라 믿는다. 작은 선행이 이어지면 세상이 착해진다.

 고맙다는 인사를 바라고 선행을 베푸는 의도가 불순하다고 생각할 수도 있겠지만 난 그게 꼭 필요하다고 생각한다. 고마우면 꼭 말로 표현하자. 그게 선한 세상을 만드는 작은 실천이다.

좋은 것을 담아둘 수만은 없다

 너무 좋으면, 그 좋은 마음을 안에만 담아둘 수 없다. 사람이든, 물건이든, 자연이든 그게 얼마나 좋은지, 그래서 내가 얼마나 행복한지 꼭 표현해야 직성이 풀린다.
 "난 당신이 너무 좋아."
마치 고백처럼 들리기도 하는 나의 갑작스러운 표현에 당황해하는 이도 있지만 대부분은 기분 좋게 받아준다. "좋아해."라는 말은 의도를 가지고 하는 말이 아니라 막 터져 나오는 기침 같은 것이다. 그렇게 분사된 해피 바이러스가 누군가를 행복하게 해준다면, 나로선 그보다 다행스러운 일이 없다.
 반대로 싫은 것을 대할 때면 입을 꾹 다문다. 되도록 시선도 맞추지 않는다. 아예 고개를 돌려 외면하기도 한다. 그러니 내가 저 사람을 좋아하는지 싫어하는지 대놓고 티가 날 수밖에. 그래도 말은 안 한다. 부정적 에너지를 분출할 필요는 없으니까.

뿌리를 내리는 속도보다 위로 뻗어가는
속도가 빠른 것은 독이 된다.
높이 오르고자 하는 유혹을 떨치고
내려가는 용기가 필요하다.

by 은경

오십이 넘은 나이에 새로운 꿈이 생겼다

옛날에는 동네 어귀마다 복덕방이 있었다. 집을 구하러 오는 사람보다는 오다가다 들러 이런 얘기, 저런 얘기를 나누는 사랑방에 가까운 공간이었다. 동네 사람들의 많은 사연과 일상사를 풀어놓는 대나무숲 같은 곳이기도 했다.

내 꿈은 그런 복덕방 주인이 되는 것이다. 머리와 몸이 허락하는 날까지 건축사로 열심히 일하다가 머리가 새하얗게 셀 정도의 할머니가 되면, 내가 좋아하는 동네에 '흰머리 건축방'을 만들고 싶다. 사람은 누구나 집에 살고 있기에 건축을 잘 안다고 생각하지만, 환풍기만 고장 나도 어디서 물어봐야 하는지 모른다. 때론 소소하고 때론 전문적인 건축 관련 일에 대한 상담도 해주고 사람도 이어주는 일을 하고 싶다.

상담료로는 사과 한 봉지, 군고구마, 센베 과자, 이런 걸 받으며 희희낙락 늙어가고 싶다. 거기엔 누구나 와서 볼 수 있는 책도 많이 둘 생각이다.

꿈은 조금씩 구체화되어가고 있다. 작은 3층짜리 건물을 사서 1층은 흰머리 건축방, 2층은 임대, 3층은 내가 사는 집으로 삼아야지. 그러려면 현업에서 열심히 돈을 벌어야 하는 날이 조금 길어질지도 모르겠다.

나는 여기 있고 살아남았다

나의 이야기를 정리하는 작업을 하면서 나에게 그리고 김건에게 드는 가장 큰 감정은 이것이다. 기특함. 나는 우리가 너무나도 기특하다. 뭔가를 잘 해내고 성취를 이뤄서 기특한 게 아니다. 단지 살아남았다는 이유만으로도 나는 내가 기특하고 자랑스럽다.

지난 삼사십 대를 생각하면 거의 전투에 가까운 삶을 살아왔다고 생각한다. 당시에는 전투의 이유가 분명하다고 생각했다. 건축가로 어떻게든 성공하고 싶어서, 돈을 많이 벌어서 나를 깔보는 사람들의 코를 납작하게 해주고 싶어서, 회사를 키우고 싶어서 등등. 그 와중에 사기도 당했고, 크고 작은 송사에 시달리기도 했으며, 큰 빚을 지고 일해서 갚느라 갖은 고생을 하기도 했다. 당연히 다 그만두고 싶은 때도 있었다. 하지만 그만두지 않았다. 나는 끝끝내 다 해냈고, 여전히 살아남았다.

김건과 그런 얘길 주고받은 적이 있다. '우리는 이름 없는 장병 같은 거 아닐까.' 비록 장군 같은 역할은 아니지만, 치열한 전투의 선두에 선 일개 병사 중 하나였는데 죽지 않은 것뿐이다. 전투의 공훈은 "진격 앞으로!"를 외친 장군에게로 돌아갈 뿐, 우리가 어떤 걸 해냈는지 얼마나 수고했는지 알아주는 사람은 아무도 없다. 나는 김건에게 말했다.

"남들이 몰라줘도 괜찮아. 내가 아니까."

"나도 알아. 우리끼리 알면 되지, 뭐. 하하."

후회되는 점이 하나 있다. 치열한 전투를 치르던 사십 대 때 적어도 내가 제일 소중하다는 걸 알고 싸웠다면 어땠을까. 그때는 마냥 불안하기만 했다. 누가 날 죽이려 들지도 모르고, 이 전투가 언제 끝날지도 모르니까. 오십이 됐다고 모든 불안이 깡그리 다 사라지는 건 아니지만 적어도 여유는 생겼다. 이 정도 규모의 전투에서는 죽지 않더라, 어느 정도 견디면 지나가더라 하는 경험치가 쌓였으니까.

그렇게 치열하게 살면 행복해질까. 솔직히 행복은 모르겠고, 만족도 높은 삶을 살게 되는 것만큼은 분명하다.

목표를 이루는 아주 쉬운 방법

목표를 이루기 위해 미친 듯이 달리던 시절이 있었다. 지금 생각하면 장거리를 전력질주 하는 것은 정말 미친 짓이었다. 선천적인 에너지가 많았던 덕분에 쓰러지지 않을 수 있었던 거였고 그건 운이 좋았다고 생각한다. 아무튼, 그 덕분에 남보다 더 앞서 달려갈 수 있었지만, 그 대가로 나는 무방비 상태에 놓였다. 어쩌면 나에게 상처를 준 건 나 자신이었다는 생각이 든다.

그래서 나는 다른 사람들에게 미친 듯이 열심히 살라는 말을 할 수 없다. 그렇게 열심히 노력해서 부를 쌓은 사람을 보면 더더욱 그런 생각이 든다. 한번은 1조 자산가로 알려진 할머니 회장님과 프로젝트를 진행한 적이 있다. 여든을 훌쩍 넘긴 나이에도 더 많은 돈을 벌고 싶어 욕심을 내는 모습을 보니 다소 무섭기까지 했다. 그런 사람에게 목표를 이룬다는 건 평생 불가능한 일이 아닐까.

죽을 둥 살 둥 전력질주 하지 않아도, 그러니까 주변을 돌아보고 가볍게 뛰면서 우아하게 목표에 도달할 수 있다고 생각한다. 다만 멈추지만 않으면 된다. 흔히 인생을 긴 마라톤에 비유하곤 한다. 완전히 멈추면 다시 달리기까지 힘이 너무 많이 든다. 목표지점까지 가기 위해서는 질주 구간과 걷기 구간을 나누어 적절히 안배하는 지혜가 필요하다. 그러려면 나를 앞서나가는 다른 이들을 보고 조바심을 내는 게 아니라 나 자신을 보고 달리는 게 중요하다. 제대로 된 방향으로 가고 있는 게 맞는지, 에너지는 충분한지, 많이 지치진 않았는지 끊임없이 돌보고 시의적절하게 대처해야 한다.

목표를 이루는 것 자체는 어려운 게 아니다. 멋진 목표를 잘 이루는 게 중요하다.

건축가는 상대의 인생을 사는 것 같은 마음으로
그의 행복을 집이라는 형태로 구현시켜야 한다.

by 지연

남에게 맞출 생각만 하지 말고

젊을 때는 일을 하기 위해 무조건 클라이언트에 맞춰줘야 한다고 생각했다. 지금은 남에게 맞추는 것보다 나에게 맞추는 게 더 어렵다는 걸 알고 있다. 남을 그렇게 잘 맞춰주면서 정작 내가 뭘 좋아하는지, 앞으로 내가 무엇을 원할지 모르는 사람이 많다.

돈에 대한 마음가짐은 정직해야 한다

 세상에 돈을 싫어하는 사람이 있을까. 싫어하는 척, 초탈한 척 위선을 떠는 게 아니라면 말이다. 돈에 대한 마음가짐이 정직해야 한다고 생각한다. 돈이 필요하다면 그 사실을 궁핍하다고 여기거나 부끄러워할 필요가 전혀 없다. 필요에 의한 긍정적인 마음을 가지면 된다. 쉽게 말하면, 이거다. '그 돈 없다고 설마 죽겠어?' '내가 그까짓 돈 벌겠다고 이 고생을 해야 하나.' 이런 생각을 하면 돈이 붙지 않는다. 돈을 벌고 싶으면 '돈을 원해!' '지금보다 더 벌고 싶다.' 라고 순수하게 바라는 편이 차라리 낫다. 우리 가족을 위한 이런 집이 필요하니까 더 열심히 벌어야지, 아이들이 더 좋은 교육을 받게 해주려면 이만큼 돈이 더 필요하겠지. 이런 식의 마음가짐을 가지면 돈은 자연스럽게 따라오게 돼있다. 왜냐면 그만큼의 돈을 끌어들이는 기운이 그 사람에게 후광처럼 맴돌기 때문이다. 이 글에선 그걸 영화 〈기생충〉에 나온 대사를 빌려 '돈의 기세'라 이름 붙여 보기로 한다.

 최근 클라이언트와의 미팅을 하면서 확실히 느꼈다. 페이를 받는 입장이니 나는 을이고, 클라이언트는 갑이다. 언뜻 생각하기엔 돈을 쥐고 있는 갑이 주도권을 갖고 있을 거라 생각되지만 여기서 중요한 건 돈 그 자체가 아니라 '돈의 기세'이다. 돈의 기세를 가지고 있으면 아무리 을이라도 일의 결정권을 갖게 된다는 걸 나는 깨달은 것이다.

"저희 회사 같은 경우에 이 정도는 지불하셔야 해요."

여기서 액수는 클라이언트가 생각하는 액수의 두 배 가까이다. 이건 단순히 던져보는 말이 아니다. 기운을 던지는 것이다. 우리 회사 수준은 이 정도이고 이만큼 잘 할 수 있는 자신감이 있다. 당신은 어느 정도 지불할 능력이 있는가. 그렇게 던진다고 무조건 일이 붙는다는 소리는 아니다. 돈의 기세는 돈이 붙는다는 의미가 아니라 주도권을 내게 가져온다는 의미니까.

즉, 이 일을 할지 말지는 내가 결정한다는 소리다. 만약 이 일을 정말 하고 싶다는 마음과 자신감이 있다면, 분명 그에 걸맞은 태도가 풍겨 나올 것이다.

"하지만 지명의뢰하셨고 저도 꼭 하고 싶은 프로젝트라서…… 0000원까지는 조정해드릴게요."

설사 클라이언트가 생각하는 마지노선과는 다른 액수라 해도 진심이 전달된 제안이라면 거의 100퍼센트 일을 딸 수 있다.

물론 명목상으로는 클라이언트가 우리 회사를 선택하는 것이지만, 글쎄, '이 일을 하고 안 하고는 나에게 달려있다.'라고 해도 과언이 아니다.

결국 돈 문제는 삶의 주도권과도 연결되는 것이다.

돈보다 시간이 더 중요한 시기가 있다

어느 토요일 아침, 햇살 속에서 눈을 뜬다.

'오늘은 날씨도 좋고…… 약속도 없네?'

문득 밀려오는 행복감에 기지개를 쭉 켠다. 이렇게 여유로운 주말을 보내게 된 지 얼마 되지 않았다. 시간이 많은 느낌은 참으로 만족스러운 것이었다.

앞에선 돈의 기세에 대해 이야기했지만, 사람이 평생 돈의 기세만 좇으며 살 수는 없다. 인생의 어느 구간에는 열심히 돈을 벌면서 살아야 하는 순간도 있지만, 잠시 거리를 두고 숨을 골라야 하는 시기도 있기 마련이다. 즉 돈보다는 자기 자신을 위한 시간을 더 벌어야 하는 시기가 있다는 얘기다. 어찌 보면 돈보다 더 가치 있는 것이 시간일 때도 있다.

문제는 우리가 살고 있는 한국 사회다. 돈 많은 사람은 부지런하고 능력 있는 사람, 시간 많은 사람은 할 일 없고 나태한 사람으로 치부하는 한국 사회에서 돈을 좇지 않고 살기란 여간 어려운 일이 아니다. 현재 내가 행복하다 하더라도 뭔가 주변 사람들보다 도태되는 느낌을 지울 수가 없기 때문이다.

내가 지금 바로 그 상황 속에 놓여있다. 사실, 요즘의 가장 큰 고민이다. 예전에는 그랬다. 맨손으로 시작한 상태였고, 내게 의뢰가 들어오는 어떤 프로젝트라도 소중하고 간절했다. 고층 빌딩 프로젝트뿐만 아니라 작은 리모델링까지도 감사한 마음으로 최선을 다해 일했다. 하지만 지금은 어떤가. 들어온 의뢰를 대충 훑어보기만 해도 견적은 얼만지, 수익성은 어떻게 나올지, 예상되는 문제는 무엇인지 머릿속에서 브리핑이 된다. 수익이 없어 보이는 프로젝트를 만날 때면, 이미 산전수전을 다 겪은 전문가가 되어버린 나는 이런 회의감이 든다.

'이 사람은 이걸 왜 지으려고 하지. 수익성도 별로고, 팔 때도 문제 있을 텐데, 지어놓고도 좋은 소리 못 들을 텐데 하기 싫다. 어쩌지?'

하지만 현재 상황에서는 그 사람에게는 이 건축이 평생 간직해온 소중한 꿈이기에 이런 얘기가 하나도 들리지 않을 것이란 걸 안다. 옛날에는 이런저런 위험 부담을 안더라도 그 사람의 꿈에 기꺼이 동참했던 나였다. 지금은 똑같은 상황에서, 먼저 클라이언트에게 물어본다.

"수익성이 부족하고 파실 때도 힘들 수 있어요. 그래도 지으시겠어요? 지으신다면 제가 아이디어를 내서 조금은 현실적인 부분으로 보완은 해드릴 수 있어요."

예전과 다른 방식이지만, 나는 여전히 그들의 꿈에 동참하는 중이다.

누구에게나 성장 포인트가 있다

 인간은 죽을 때까지 성장해야 한다. 하지만 포인트마다 자신을 들여다봐야 한다. 그래야 더 오래, 더 높이 올라갈 수 있다. 마치 마디가 있는 대나무처럼 말이다. 엄청난 속도로 자라는 대나무를 보면 중간중간 굵은 마디가 있는 것을 볼 수 있다. 나는 그것을 보며 인간에 비유할 수 있겠다는 생각이 들었다. 잠시 멈춰 서서 제대로, 올바른 방향을 향해 성장하고 있는지 고민하고 점검해야 하는 순간이 필요하지 않을까. 힘겨운 시기를 거치며 굵은 마디가 상흔처럼 남겠지만 이는 나무가 더 높이 성장할 수 있는 지지대가 되기도 하다

하지만 우리는 돈을 번다는 명목하에 그런 단계를 자꾸만 잊어버린다. 돈과 상관없는 고민은 사치라고 생각하는 것이다. 살면서 나를 정립하지 않고 그냥 살아가면 휘어지다가 부러져버릴 수도 있다. 당신은 어디로 향하는가. '필수확인점'은 감리할 때만이 아니라 우리에게도 필요하다.

오십 대가 되고 난 후 사춘기가 시작됐다

오십 대가 되어서야 사춘기를 겪고 있다. 내가 어떤 사람인가, 무엇을 해야 행복해질 수 있는가. 사춘기 때도 안 하던 고민을 이제야 하고 있다. 그건 아마 그럴 때가 되었기 때문일 것이다.

나이가 드니 체력이 예전 같지 않다. 몸에 국한한 이야기가 아니다. 내면의 에너지도 많이 떨어졌다. 사십 대 때는 그런 생각을 할 여유도 없이 바빴다면 나이 오십, 중년에서 노년을 바라보고 있자니 어리둥절할 지경이다. 노년을 어떻게 살아가야 되나, 옛날처럼 달려야 되나, 달리는 방식을 바꿔야 하나. 이삼십 대 때 고민을 끝낸 것 같았던 부분들이 오십 대가 되니까 더 큰 물음표로 다가온다. 내가 나를 모른다는 절대적 진실이 나에게 던져주는 막연함과 공포.

문제는 이런 고민을 나눌 사람이 주변에 없다는 것이다. 어릴 때는 또래 친구들이 비슷한 고민을 안고 살았기에 함께 나눌 수 있었는데, 중년의 나이에 접어들면 각자의 삶이 너무도 달라진다.

신체의 나이는 비슷할지 몰라도 마음의 나이가 다르면 더 이상 친구가 될 수가 없다. 결국 이런 고민은 나 혼자 오롯이 해결해야 한다.

내가 찾은 해결 방법은 결국 자기계발서였다. 어릴 땐 그 어떤 책도 읽지 않던 사람이었는데, 오십이 넘어서야 자기계발서를 읽기 시작한 것이다. 수많은 책을 읽으며 내가 낸 결론 하나는 나는 성장에 대한 욕구가 있고, 죽을 때까지 멈추지 않는 사람이라는 것. 내가 조금씩 나아지고 있다는 생각이 들지 않으면 절대 행복해질 수 없는 사람이라는 것이다.

왜 사람은 자신이 어떤 사람인지를 알기까지 이렇게 많은 시간과 노력이 필요한 것일까.

나의 하루

아침에 일어나면 십 분 정도 명상을 한다. 그리고 간단한 운동과 스트레칭을 삼십 분 이내로 한다. 집에서 회사는 지척이라 출근하는 데는 그리 시간이 걸리지 않는다. 오전에는 직원들과 디자인 협의를 하는 데 시간을 보내는 편이다. 점심을 먹은 뒤에는 한옥마을을 산책한다. 오후에는 미팅이 잡혀있는 경우가 많다. 미팅이 길어지면 그날은 야근을 하는 날이다. 아무래도 늦게까지 일하는 날이 많은데 최근에는 야근하는 습관을 고치려고 노력하고 있다. 집에 오면 샤워하고 책 좀 보다가 잔다. 이렇게 적고 보니 참 단순한 하루 같은데 나는 이런 나의 하루가 좋다.

만약 시간을 되돌릴 수 있다면

　삼십 대로 돌아가고 싶다. 충실히 살지 못해서가 아니다. 오히려 너무 열심히 살았기 때문에, 그러지 않아도 된다고 삼십 대의 나에게 말해주고 싶다. 삼십 대의 치열함을 지혜로움으로 바꾸고 싶다. 닥치는 대로 열심히 일만 하는 것이 아니라 내가 중요하게 여기는 가치에 따라 우선순위를 정하고 시간과 일과 가족들에게 적절히 시간을 분배할 것이다. 하지만 정말로 시간이 되돌려진다면 과연 내가 그렇게 살 수 있을까.

　삼사십 대 때 전력질주 하듯 살았던 나에게 이처럼 여유가 생긴 것은 아마도 시간과 나이가 준 선물이 아닐까. 속도가 느려졌다기보다는, 전에는 계속 전력질주만 했다면, 지금은 전력질주 구간과 천천히 걷는 구간을 적절히 분배할 줄 아는 지혜가 생겼다고 봐야 할 것이다. 주변도 돌아보고, 아름다움도 느끼고 하면서 천천히 걷는 시간이 참 좋다. 물론 단점도 있다. 오십 대가 되니 체력이 예전 같지 않음을 느낀다. 그래서 더욱 정신을 바짝 차리고 건강을 챙기게 된 것 같다. 결과적으로 더 건강해졌으니, 단점은 별로 없는 셈일지도 모르겠다.

우리는 자존하며 살고 있는가

'자존自尊'이라는 말을 좋아한다. 자기의 품위를 스스로 지킨다는 뜻이다. 사전에 그렇게 나와있다. 여기에 '스스로'라는 단어가 들어가 있다는 게 맘에 든다. 자기의 품위는 남이 만들어주는 것도 아니고 비싼 물건이나 사회적 지위로 만들어지는 것도 아니다. 내가 스스로 품위를 지켜내야 비로소 '자존하는 사람'이라고 볼 수 있다.

뭔가 기분 상하는 일을 당했을 때 '자존심이 상한다.'라는 표현을 쉽게 쓰는데, 사실 그건 틀린 말이다. 진정한 자존심은 외부 상황이나 타인에 의해 손상되는 게 아니기 때문이다. 그 표현은 그저 '나는 나의 품위를 지키고 싶다.'라는 은근한 바람과 의식을 남들에게 표명하기 위한 의도에서 나오는 것이라 생각한다.

하지만 일을 하다 보면 어쩔 수 없이 나의 자존보다 일이 더 위에 있게 되는 경우가 허다하다는 게 참 슬픈 현실이다. 먹고 살기 위해서는 정말 자존심을 버려야 할까? 실은 나도 그렇게 생각하고 살아왔다. 하지만 어느 순간 모든 것은 결국 선택의 문제일지도 모른단 생각이 들었다. 나는 그때 자존보다 일을 선택한 것이다. 그건 사람마다 다를 것이다. 누군가는 부모의 인정을, 타인의 관심을, 돈이나 출세를 자존보다 더 우선순위에 둘 수도 있을 것이다. 그 선택을 비난하는 것이 아니다. 특히 젊었을 때는 더욱 그럴 수밖에 없다. '나'라는 개념이 제대로 서있지도 않을 때니 그건 당연한 것이다. 하지만 문제는 중년에 들어서서도 계속 자존하지 않으면, 즉 자신의 품위를 스스로 지킬 줄 모르면 필히 벽에 부딪히게 된다는 사실이다.

품위 없는 노년이 되고 싶지 않다면, 지금이라도 늦지 않았다. 자신에게 물어보자. 나는 자존하며 살고 있는가.

시간의 가치를 존중한다

 절대적인 시간이 주는 선물이라는 게 있다. 한 가지 일을 오래 하면, 그 일에 재능이 있든 없든, 성공을 했든 못했든 간에 차곡차곡 쌓이는 뭔가가 있다. 혹자는 그것을 연륜이라고도 하고, 내공이라고도 하는데, 나는 잘 모르겠다. 적어도 그런 게 있는 사람과는 반드시 대화할 거리가 있다고 생각한다. 그 사람의 생각하는 바가 나와 다르고, 사회적인 인정을 받지 못할 수준이라 해도 상관없다. 그 사람이 쌓아온 절대적인 시간의 가치는 반드시 존중받아야 할 부분이라고 생각한다.

내가 무시하는 사람은

인간이 모두 평등하다고 생각하지 않는다. 모든 인간이 무조건 존중받아 마땅하다고 생각지도 않는다. 무시할 만한 인간은 무시해도 된다는 생각이다.

예를 들어 삼십 년 전통의 맛집이라 해서 찾아갔는데, 맛이 없고 서비스도 엉망이다? 아무리 3대째 내려오는 식당 주인이라 해도 난 그를 무시한다. 건축가라고 하면서 건축을 제대로 하지도 않고, 교육자라고 하면서 남을 깎아내리는 데 여념이 없는 사람. 쉽게 말해 자신의 본업에 충실하지 않은 인간, 그에 대해 부끄러움이 없는 인간. 나이를 먹었는데 어른이 아닌, 인간인데 인간이 아닌. 내가 무시하는 사람은 그런 사람이다. 대우의 평등은 본연의 업에 충실한 사람이 받을 만하다고 생각한다.

강제로 어른이 되어가는 중

오십이 넘은 나이에 이런 말을 하면 비웃겠지만, 나는 이제야 어른이 되어가는 중인 것 같다. 사실 삼사십 대에는 나는 늘 나이보다 젊게 산다고 자부하며 살아왔다. 원래 철이 없다고 그게 젊음의 증거라도 되는 양 공공연히 말했다. 그런데 오십이 넘어가자 더 이상 그렇게 살 수가 없어졌다. 육체적으로도 그렇고 사회적으로도 '내가 늙었구나.'라는 생각이 절로 들 때가 있는데 그때 약간 뒷골이 오싹한 느낌이 든다. 단언하건대 나이 듦에 대한 막연한 두려움 같은 게 아니었다. 늙은 만큼 과연 내가 현명해지고, 여유 있어졌는지, 한마디로 어른이 되었는지 자문해보았을 때 자신이 없는 그런 느낌이랄까.

그동안은 어른이 되고 싶지 않았지만, 이제는 강제로라도 어른이 되어야 하는 시기가 온 것이다.

하지만 난 여전히 어른이 되기 싫다. 동시에 되어야만 하는 상황을 받아들이고 있다.

술을 끊자 내게 일어난 일들

 술을 사람만큼이나 좋아한다. 한때는 사람보다 술을 더 좋아했던 것 같다. 일하면서 지치고 힘들어도 퇴근 후 술 한잔이면 다 털어버릴 수 있었다. 한마디로 술에 의존했던 거다. 어디에라도 의존할 수 있다는 게 좋았다. 술에 의지하는 동안 맨정신이 아닐 수 있어서 그나마 숨통이 트였다.

 술을 끊은 건 결국 건강 문제 때문이었다. 자의로는 절대 끊지 못했을 거다.

 어느 날 몸 여기저기에 두드러기가 올라오기 시작했다. 처음엔 별거 아니라 생각했다. 병원 가서 약도 처방받아 먹고, 며칠 있으면 낫겠지 싶었다. 하지만 두드러기는 온몸으로 번져갔다. 온몸이 부풀어 올라 발열이 시작되었고, 미칠 것 같은 가려움증에 잠을 잘 수가 없었다. 결국 술을 끊었다. 술을 끊고 음식을 조절했더니 놀라운 속도로 염증이 가라앉았다. 지금 생각해보면 그것은 몸의 경고였다. 지금처럼 술을 마시면 안 된다고 몸이 경고한 것이다.

 그렇게 자의가 아닌 타의(?)로 술을 끊어야 했지만, 나타나는 결과는 놀라웠다. 먼저 피부색이 달라졌다. 전엔 약간 불그레 올라온 톤 때문에 귀찮아도 꼭 화장으로 가렸어야 했는데, 금주 이후에는 민낯으로 다녀도 될 정도였다. 다이어트를 일부러 한 게 아닌데도 살이 많이 빠졌다. 몸이 가벼워진 것이다. 가장 큰 변화는 삶의 변화였다. 스무 살부터 술을 마셨으니 삼십 년 가까이 이어져 온 술자리 루틴이 사라지자 갑자기 시간이 너무 많아졌다. 너무나도 낯선 '잉여 시간', 무엇을 해야 할지 몰라 멍해졌다. 운동도 좀 하고, 책도 좀 읽고 그래도 시간이 남았다. 가족들과 더 많은 시간을 보내고 대화를 나누고, 혼자 있을 땐 생각을 하기 시작했다.

나는 왜 살고 있는 걸까. 인생이란 뭐지? 나라는 인간은 과연 무엇인가, 등등. 술자리에서 나눈 이야기들은 다 잊어버리게 되지만, 맨정신으로 나 자신과 나눈 대화는 잊히지가 않았다. 내가 이런 철학적인 생각을 할 수 있는 인간이라는 걸 술을 끊고 나서야 알게 된 것이다.

그럼에도 불구하고 나는 여전히 술이 좋다. 술이 주는 즐거움을 포기할 수가 없다. 조금씩 눈치를 보며 술 마실 기회를 노리고 있다.

제정신으로 살기 힘들기 때문에

우리는 모두 어디엔가 중독되어 있다. 술이나 담배에 중독되어있는 사람뿐만이 아니다. 직장인이나 학생들 대부분 카페인 중독이며, 요즘은 달콤한 음식에 중독된 젊은이들도 그렇게 많다고 한다.

가끔은 대한민국이라는 나라 자체가 맨정신으로는 도저히 살아갈 수 없는 사회가 아닌가 생각한다. 집 짓는 것만 봐도 그렇다. 몇 달 사이에 건물 한 채가 올라가는 건 일도 아니다. 동네가 통째로 사라지고 아파트 단지가 들어선다. 세계 어디를 봐도 이렇게 빠른 속도의 변화를 견뎌내는 사회가 없다. 이런 사회에서는 뭔가에 중독되지 않고는 도저히 페이스를 따라잡을 수가 없다. 이를테면, 바로 옆에서 남들이 100미터 10초의 속도로 달리고 있으니, 가만히 있으면 나만 뒤처지는 꼴이 된다. 끝까지 오래 달릴 수 있는 나만의 속도를 찾아야 하는데, 그럴 여유가 있을 리가. 에너지드링크라도 들이켜고 속도를 높일 수밖에!

만약 내 삶에 맥주와 와인이 없었다면
그렇게 전력질주 하듯
젊은 시절을 살아낼 수 있었을까.
by지연

밑바닥까지 떨어져본 적이 있는가

 아. 여기가 내 인생의 밑바닥이구나. 이보다 더 아래가 있을 수 있을까. 최악이다.

 살면서 한 번쯤 그런 순간이 있지 않나. 상대에 대한 분노가 치밀고 억울한 감정으로 불면에 시달리며 나의 잘못된 선택과 판단으로 이런 일이 생긴 것 같아 슬프고 좌절하던 순간. 나는 그랬다. 그런데 신기한 것이, 밑바닥에 닿으면 뭐라 표현할 수 없는 안정감이 느껴진다는 것이다. '발이 땅에 닿는 순간의, 묘한 안정감'이 있다. 물론 아프다. 한 11층에서 떨어졌다고 생각해보자. 아픈 정도가 아니라 어디 한 군데 부러지거나 한동안 움직이지도 못할 정도로 심각한 부상을 입게 될 수도 있다. 꼼짝할 수 없는 고통에 몸부림치다 바닥에 누운 채로 생각한다. 어? 그래도 죽지는 않았네?

 아무리 힘들어도 사람이 쉽게 죽는 법은 없다는 걸 깨달으면 이상하게 통증이 낫는 것 같은 기분이 든다. 이윽고 시간이 지나면 몸이 회복된다. 끙, 하고 자리에서 몸을 일으켜 두 발로 땅을 딛는다. 생각보다 견딜 만하다는 생각이 든다. 이제

올라갈 일만 남았다. 오히려 맘이 편해진다. 왜냐면 나에겐 이미 11층까지 올라가 봤던 경험이 축적되어 있기 때문이다(비록 떨어졌지만). 이제 그 경험치를 발판 삼아 걸음을 옮기기만 하면 된다. 그때 보니까 2층도 괜찮던데, 5층까지만 올라가 볼까? 지난번에 그렇게 하니까 삐끗해서 떨어졌지? 이번에는 잘 올라가 봐야지 하면서 말이다.

나도 안다. 생의 고통을 극복하는 일이 이렇게 단순하지만은 않다는 걸. 그냥 바닥을 경험해본 사람의 토닥임 같은 거라고 생각해주면 좋겠다. 괜찮아질 거라고. 인생이 끝장난 것 같은 그런 순간일지라도 진짜 끝은 그런 게 아니라고.

생각보다 당신의 두 다리는 튼튼하고, 시간이라는 영약은 분명 당신의 상처를 회복시켜줄 것이다.

에필로그

김은경
남지연

오십 대, 나를 더 알고 싶어졌다
김은경

 이상한 일이다. 그저 나이 오십이 되었을 뿐, 내게 달라진 것은 없었다. 수십 년 한 길을 걸어온 건축가로서, 커리어우먼이자 워킹맘으로서 나는 나의 시간을 바쁘게 살아갈 따름이었다. 그런데 문득 책을 내고 싶다는 생각이 들었다. 단언하건대 세상에 내 이름을 알리고 싶은 공명심, 살아온 흔적을 남겨야겠다는 허세 같은 게 아니었다. 다만, 빈틈없이 맞물려 돌아가던 바쁜 내 일상에 아주 작은 여유가 생긴 것뿐. 아이들이 다 커서 제 몫을 하게 된 덕분인지, 삼십 년 가까이 놓지 않은 커리어에 연륜이 붙어서인지, 이도 저도 아니라면 지천명(知天命)의 나이가 준 선물인지도 모를 일이다. 나뿐만 아니라 누구나 비슷한 시기에 조금은 느슨해진 삶의 사이클을 맞이하게 된다. 혹자는 갱년기나 빈둥지증후군으로 여겨 얼른 극복해야 할 숙제처럼 처리하기도 하지만, 나는 그러고 싶지 않았다. 선물처럼 내게 온 시간을 온 마음으로 환영하고, 내 삶의 새로운 페이지를 신나게 적어 내려가고 싶었다. 다행히 나와 같은 마음인 친구를 만나 함께 책 쓰기를 하게 되었다.

 우리는 오십 대가 되어 친해진 새로운 인연이다. 나이가 들면 새로운 친구를 사귀기 어렵다고 말하지만, 나는 인연의 깊이와 시간은 비례하지 않는다고 여긴다. 아니, 나이가 들수록 '지금 이 순간'에 집중할 수 있어야 한다고 믿는다. 그런 의미에서 지금 이 순간, 많은 부분을 공유하며 공감하고 공명하는 사람을 만나 함께 작업할 수 있었던 것은 행운이다. 이번 작업을 하면서 얻은 최고의 수확은 역시 남지연이라는 멋진 사람을 더 잘 알게 되었다는 것. 그리고 내가 얼마나 사랑스러운 사람인지 더욱 선명하게 깨달았다는 것. 이 두 가지다.

오십 대 커리어우먼이라는 공통점 외에는 달라도 너무 다른 우리이기에 굳이 같은 이야기를 하려 애쓰지 않았다. 유명인의 자기계발서도 잘 안 팔리는 세상에, 그저 열심히 자기 자리를 지키며 밥벌이를 위해 일해온 두 여성 건축가 이야기가 무슨 매력이 있을까 싶기도 하지만 우리는 우리의 이야기를 하기로 했다. 하고 싶은 마음이 들었을 때 하지 말아야 할 이유를 찾지 말고, 그냥 하기로 한 것이다.

인생이란 기차는 저마다의 속도로 달려간다. 어디로 갈지, 얼마나 멀리 달려가야 할지 알 수 없을 때도 많다. 불안함에 압도된 상태로 질주하던 젊은 날의 우리에게, 그리고 당신에게 이 책을 바치고 싶다. 이 책이 잠시 쉬어갈 수 있는 정류장이 되었으면 좋겠다.

비로소 나 자신이 되었다는 기쁨
남지연

나는 갱년기를 '오춘기'라고 부른다. 오십에 오는 사춘기라는 뜻이다. 그렇게 생각하면 갱년기로 인한 갑작스러운 변화, 신체적 정신적 고통을 좀 더 편안하게 받아들일 수 있다. 그만큼 나는 오춘기를 남들보다 훨씬 더 혹독하게 앓은 편이었는데 이번 책을 준비하면서 그 이유를 알게 되었다. 나이는 드는데 마음만큼은 청춘이고 싶었던 거다. 몸의 시간과 마음의 시간, 그리고 세상의 시간이 모두 불화하면서 균열이 생겼고, 그게 내게는 오춘기로 발현되었던 것이다.

그런 의미에서 이번 '책 쓰기'는 딱 지금 나에게 필요한 작업이었다. 김은경 건축사는 건축을 사랑하는 동료이자 인생에서 만난 대화가 통하는 소중한 친구이며 나보다 많은 부분에서 어른이라 나는 언제나 친근하게 '언니'라 부른다. 그와 함께한 이 책 내용 안에는 '스스로 부끄럽게 생각하는 나', '위로해주고 싶은 나', '정말 잘했다고 칭찬해주고 싶은 나'가 적당히 섞여있다. 물론 나 또한 멋있어 보이고 싶은 욕망이 적지 않은 사람이기에, 너무 솔직한 이야기는 피하고 싶기도 했다. 하지만 좋은 애기만 골라서 적고 싶지는 않았다. 언니와 함께 많은 이야기를 나누고 이 책을 쓰면서 깨달은 한 가지 때문이었다.

이 모든 일들이 다 내가 직접 겪었어야 했던 일이었구나. 달고 쓰고 시리고 뜨거운 모든 경험들이 모여 내가 되었구나. 달궈지고, 차가워지고, 비로소 단단해졌구나.

오십 년이라는 시간을 막연하게만 생각하면 그 무게에 압도당하기 마련이다. 제대로 한 것도 없는데 나이만 먹었구나 싶어 허망하기도 하고, 백세시대에 살아온 만큼 더 살아가야 하는데 이미 늙어버린 현실이 무섭기도 하다. 하지만 우리가 살아낸 모든 장면들을 다시 찾아보고 이야기하고 누군가에게 건넬 수 있는 언어로 발화한다면 얘기가 달라진다. 그 시간들은 절대 허무하게 사라지지 않는다. 비로소 진정한 내가 된다.

본문에도 들어있지만 나는 우리가 기특하다. 그리고 당신이 기특하다. 어떤 경로로든 이 책을 찾아 여기까지 읽은 당신이라면, 분명 진심을 다해 삶을 살아가고 있을 것이기에. 비록 지금은 불안하고, 지치고, 답답하겠지만 그 시간이 당신을 더욱 성장하게 하고 단단하게 만들어줄 것이라 믿는다.

우리가 함께 만든 작은 우주가 또 하나 탄생했다. 저마다의 열심과 진심을 빚어 만든 수많은 우주가 세상에 가득해질 때까지. 우리는 앞으로도 계속해서 꿈을 꾸고 성장하고 싶다.

너에게 우주를 지어줄게

발행일	초판 1쇄 2024년 10월 29일
지은이	김은경, 남지연
사진	남석희
기획편집	홍아미
편집디자인	윤소영
교정교열	김부용
발행처	아미가
출판등록	제2016-000234호
주 소	경기도 고양시 일산동구 강송로 49
이메일	conamiga3@gmail.com
ISBN	979-11-988335-1-8
정가	15,000원

ⓒ 김은경, 남지연 2024

본 책 내용의 전부 또는 일부를 재사용하려면
반드시 저작권자의 동의를 받으셔야 합니다.